वागर्थाविव संपृक्तौ वागर्थप्रतिपत्तये ।
जगतः पितरौ वन्दे पार्वतीपरमेश्वरौ ॥

Übersetzung: Damit ich das Wort und seine Bedeutung genau begreifen kann, verehre ich Parvati-Parameswara (Parameswara: Synonym von Siva), die sich wie das Wort mit seiner Bedeutung vereinen, und die Mutter und Vater der Welt sind.

Augenöffner

Warum sollte man Bibel und Koran für Kinder verbieten?

Titus Leo

Identitypublishers.org

Switzerland

Printed & Bound by Press Group, Slovakia

Gewidmet

meinem

Vater / Guru / Retter

Leo der Grosse

In Dankbarkeit

Vinodh Kumar

Jean Louis Sterren

Patrick Grünig

David Andenmatten

Shivadas Flagg, U.S.A

Reto Schmidli

Heinz Abegglen

Ashok Haridas, London

Wanda Jane, Canada

Dr. Barbara Schillig

Corinne Schneider

Christine Eggel

Lektorat: Dr. Thomas Konrad, D-München

Inhalt

Vorwort

Der Autor dieses Buches ist ein in Süd-*barat*/Südindien aufgewachsener Ex-Katholik (Diese Feinde Christi kommen zwar aus unseren eigenen Reihen—*1 Johannes* 2.19). Seine Muttersprache ist Malayalam, eine südindische Sprache. Er spricht englisch und etwas deutsch.

Wie kann er der Autor eines deutschsprachigen Buches sein?

Dies kam so: Vor 13 Jahren, nachdem Titus Leo die Bibel und den Koran studiert hatte, schrieb er seine Schlussfolgerungen in Malayalam. Dieses Manuskript (etwa 30% von diesem Buch) gab er seinem Vater, welcher zugleich sein Guru und der Entdecker der Identität von Jesus ist. Sein Vater übersetzte das Manuskript ins Englische. Durch gute Freunde wurde diese Version später ins Deutsche übersetzt.

Der frühere Präsident der USA, George W. Bush, sagte, dass jedermann das Recht haben sollte, zu glauben. Wenn alle das Gleiche glauben würden, wäre dies kein Problem. Aber wenn der Glaube der einen Religion im Gegensatz zum Glauben einer anderen Religion stehe, dann werde es unweigerlich Konflikte im Namen des Glaubens geben. Wenn zum Beispiel die eine Gruppe glaubt, dass Jesus der Sohn Gottes ist und die andere Gruppe einwendet, dass Gott keinen Sohn haben kann, entsteht die Gefahr eines Konfliktes zwischen diesen Gruppen. Solche Konflikte sind die Ursache des Blutvergießens von Millionen von Menschen. Das ist die zweitausendjährige Geschichte des Christentums!

Gott ist per Definition die Perfektion des Guten. Barmherzigkeit zu zeigen, ist eine Geste von wahrer Güte. Weil Gott die Vollkommenheit des Guten darstellt, ist er somit auch vollendet in seinem Erbarmen.

Die Bibel sagt, dass Gott Jesus‘ Vater ist und dieser Vater sagt folgende Worte über seinen Sohn: "Dies ist mein geliebter Sohn, an ihm habe ich große Freude". *(Matthäus* 3:17)

Wenn diese Aussage wahr ist, warum lässt Gott dann seinen geliebten und unschuldigen Sohn für die Sünden anderer kreuzigen? Denken wir an den Garten Gethsemane zurück, wo Jesus, zwölf Stunden bevor er zum Tode verurteilt wurde, dreimal zu seinem Vater flehte: „Mein Vater, wenn es möglich ist, so bewahre mich vor diesem Leiden." *(Matthäus* 26:39). Sein Vater, der behauptet hatte, der Gott des Erbarmens zu sein, zeigte aber keinerlei Mitleid gegenüber seinem geliebten Sohn.

Wie kann jemand, der keine Gnade gegen einen Unschuldigen walten lässt, dies gegenüber einem Sünder tun?

Sogar noch am Kreuz, wenige Minuten bevor Jesus seinen Körper verliert, beschuldigt er seinen Vater mit folgenden Worten: "Mein Gott, mein Gott, warum hast du mich verlassen?" *(Matthäus* 27:46). Dies beweist, dass Jesus von seinem Vater erwartet hatte, dass dieser ihn vor dem Tode bewahren würde und dass er eigentlich gar nicht sterben wollte. Wenn Jesus also nicht für die Sünder dieser Welt sterben wollte, dann ist es auch nicht korrekt, dies wie folgt zu behaupten: "Jesus starb für die Sünden der Welt." Daraus ergibt sich folgender Schluss: Jesus beschuldigt den Vater, für seinen Tod verantwortlich zu sein; somit tötete ihn also sein eigener Vater, um die Sünden der Welt zu sühnen.

Was ist eigentlich gemeint mit „die Welt zu retten"?

Vor wem oder vor was ist die Welt zu retten? Soll die Welt von ihren Sünden und vom Urheber der Sünden, dem Teufel gerettet werden? Grundsätzlich soll die Welt vom Teufel und von Sünden befreit werden.

Wenn es der Teufel ist, der verursacht, dass die Menschen Sünden begehen, dann sollte es auch der Teufel sein, den es zu beseitigen gilt. Stattdessen sagt die Bibel, dass Gott seinen einzigen und unschuldigen Sohn getötet hat, der überhaupt nicht sterben wollte. Des Weiteren, ist es möglich, die gesamte Menschheit durch den Tod eines einzigen zu retten? Wenn dies möglich wäre, dann müsste dies der Erzfeind des Menschen sein, also mit anderen Worten, der oberste Teufel selbst.

Ich übertreibe nicht, wenn ich behaupte, der Gott der Bibel hasse die Unschuldigen und lasse die Sünder ungestraft laufen.

Hier ist ein typisches Beispiel: Während Uriah, ein Soldat Davids, auf dem Kriegsfeld kämpfte, hatte David ein Verhältnis mit dessen Frau Bathsheba. Als er vernahm, dass sie von ihm schwanger war, ließ David seinen treuen Soldaten töten und nahm die Witwe als seine Frau. Später, als das Kind von David geboren wurde, „…ließ der Herr das Kind, das Urias Frau David geboren hatte, todkrank werden, … am siebten Tag starb das Kind.“ *(2 Samuel* 12:15-18). Statt dass der

Gott der Bibel den Mörder David getötet hätte, tötete er das unschuldige Kind. Was für ein verdrehtes Urteil ist das?

Wie kann man jemanden, der ein unschuldiges Kind tötet, als die Perfektion des Guten bezeichnen? Oder lassen Sie es mich so fragen: Würden Sie jemanden Gott nennen, der erbarmungslos ein unschuldiges Kind tötet?

An dieser Stelle möchte ich zwei weitere Hauptakteure der Bibel, nämlich Sarah und Abraham, und deren wahren Charakter aufzeigen.

Wie viele Christen wissen, als im Lande, in welchem Abraham lebte, eine Hungersnot herrschte, dass er beschloss reich zu werden, indem er seine eigene Ehefrau dem König von Ägypten zuhielt? Abraham enthielt dem König jedoch die Tatsache vor, dass es sich dabei um seine eigene Frau handelte. Hier ist die Liste der Gaben und Geschenke, die Abraham durch seine Zuhälterei vom Pharao erhielt: „Und er (der König) tat Abram ihretwegen Gutes; und er bekam Schafe und Rinder und Esel, Knechte und Mägde, Eselinnen und Kamele.“ *(1.Mose* 12:16)

Und wie viele Christen wissen, dass Sarah, die Frau von Abraham, eine schmutzige Frau war, welche ihre Dienerin Haggar dem eigenen Ehemann Abraham zuhielt? Und als Haggar Abrahams Sohn geboren hatte, verlangte Sarah sogar von Abraham, dass er Haggar und das Baby in die Wüste schicken sollte. Abraham, ein typischer rückgratloser Ehemann, gehorchte seiner unbarmherzigen und eifersüchtigen Frau.

Abraham ist ein klassisches Beispiel dafür, wie ein Ehemann oder Vater nicht sein sollte. Es ist doch sehr verwunderlich, dass dieser Zuhälter und rückgratloser haltlose Mann als der Vater der Juden, Christen und Moslems akzeptiert wurde und wird.

Die Anzahl von Sarahs und Abrahams, die unter uns leben, ist der lebende Beweis dafür, dass die meisten von uns den wahren Charakter von Sarah und Abraham nicht kennen.

Nach vierzig Jahren der Entbehrung machte der Vater des Autors dieses Buches eine grosse Entdeckung. Diese Entdeckung ist ein geheimes Passwort, welches die Bibel entschlüsseln kann. Er teilte dieses Geheimnis mit seinem Sohn.

Die Sonne ist untergegangen, sie hat aber die Welt nicht im Dunkeln gelassen—ihr Licht erstrahlt durch den Mond.

Januar 2012 Titus Leo

Einführung

Judentum, Christentum und Islam beruhen alle auf dem gemeinsamen Glaubenssatz des ewigen Daseins bzw. der ‚Ewigkeit eines Schöpfers'. Die Anfangsworte der Bibel „Am Anfang schuf Gott den Himmel und die Erde" gründen in diesem Glaubenssatz. Der grundlegende Standpunkt der modernen Wissenschaft kommt zu einem anderen Schuss, nämlich, dass die Schöpfung als Prozess ewig ist. Wenn die Wahrheit die ‚Ewigkeit der Schöpfung' ist, wie man wissenschaftlich annimmt, dann ist die ‚Ewigkeit des Schöpfers' eine falsche Auffassung.

Die Basis der Existenz des modernen Menschen ist die Wissenschaft. Der Gedanke der Ewigkeit der Schöpfung wird vonseiten der Wissenschaft unterstützt. Der Gedanke der Ewigkeit des Schöpfers nicht. Die Vertrauenswürdigkeit der Wissenschaft liegt in der empirischen Beweis-führung. Der Gedanke der Ewigkeit eines Schöpfers ist im Grunde abwegig, da er un-wissenschaftlich ist.

Judentum, Christentum und Islam haben alle mit Jesus in der einen oder anderen Form zu tun. Im Judaismus ist Jehova das Objekt der Anbetung.

Im Islam bildet Allah das Zentrum der Verehrung. Im Christentum ist es Marias Sohn oder Maria-Jesus.

Der Autor anerkennt Jesus nicht als Christus. Er glaubt das nicht. Er weiß, dass Jesus nicht Christus ist. Aus diesen Gründen hat der Autor, soweit wie möglich, auf den Titel Christus in Bezug auf Jesus verzichtet.

Millionen sind gestorben, als Opfer einer diabolischen Täuschung von Luzifer, dem Höchsten Teufel, der sich als Jesus manifestierte.

Dieses Buch ist ihnen gewidmet. Wenn die Millionen, die heute leben und von derselben Täuschung betroffen sind, davon befreit würden, hätte das Buch seinen Zweck erfüllt.

Garten Eden: Die Wahrheit

Viele haben sich mit der Schöpfungsgeschichte befasst. Jesus aber sagte schon: „Ihr werdet schauen und schauen, aber nicht sehen." Niemand konnte die Wahrheit dahinter entschlüsseln. Ich hoffe, dass diese Untersuchung über die Wahrheit in der Geschichte vom Garten Eden mit dem Schlüssel, der mir von meinem Vater und Lehrer geliefert wurde, Ihnen, lieber Leser die Augen öffnen wird.

Zu Beginn der Geschichte befiehlt der „Gott der Bibel" dem ersten Mann, Adam: „Und Gott, der HERR, gebot dem Menschen und sprach: Von jedem Baum des Gartens darfst du essen; aber vom Baum der Erkenntnis des Guten und Bösen, davon darfst du nicht essen; denn an dem Tag, da du davon isst, musst du sterben!" *(1.Mose* 2:16-17)

Bevor wir unsere Diskussion beginnen, sollten folgende Faktoren berücksichtigt werden:

1. Das Paradies ist unglaublich riesig, jeder Baum ist schön anzusehen und trägt Früchte zur Nahrung *(1.Mose* 2:9).

2. Es gibt zwei verschiedene Bäume in der Mitte des Gartens. Einer schenkt die Kenntnis des Guten und Bösen und der andere ewiges Leben. *(1.Mose* 2:9)

3. Die Erschaffung der Frau erfolgte laut *1.Mose* 2:22 erst, nachdem der Befehl an den Mann ergangen ist.

Es geschah, dass die Frau mit der Schlange redete, die im Garten erschien. „Da sagte die Frau zur Schlange: Von den Früchten der Bäume des Gartens essen wir; aber von den Früchten des Baumes, der in der Mitte des Gartens steht, hat Gott gesagt: Ihr sollt nicht davon essen und sollt sie nicht berühren, damit ihr nicht sterbt!" *(1.Mose* 3: 2-3)

Als der „Gott der Bibel" zum Mann in *1.Mose* 2:16-17 sprach, erwähnte er den Standort des Baums des Wissens nicht. Auch verschwieg er ihm, dass er sterben würde, falls er jemals die Frucht des Wissens berühren sollte. Diese Zusatzinformation der Frau ist im Anfangsbefehl des Gottes der Bibel aber nicht auffindbar.

Woher hatte die Frau ihr Wissen, wenn sie zu diesem Zeitpunkt noch gar nicht existiert hat?

Es gibt zwei Möglichkeiten: **1.** Sie hörte es von Adam oder **2.** Der „Gott der Bibel" wiederholte den Befehl nach der Geburt von Eva. Die folgenden Einwände schließen die erste Möglichkeit aus.

Hätte Eva den Befehl von Adam erhalten, hätte er die Informationen in den gleichen Worten wie Gott wiedergegeben. Eva hätte die zusätzlichen Aussagen nicht machen können.

Eva sagte in ihrer Antwort auf die Frage, die ausdrücklich an sie gerichtet war: „Von den Früchten der Bäume des Gartens essen **wir**." Dies beweist, dass Adam in dieser Szene gegenwärtig ist. Hätte Eva die Worte so wiederholt, wie sie ihr von Adam damals übermittelt wurden, hätte Adam sie unterbrochen, weil sie Gott falsch zitierte.

Und sehr wichtig: Hätte Gott den Befehl gegenüber Eva nicht wiederholt, wäre die Frucht des Wissens nur Adam verboten worden. Auch wäre es nicht verboten gewesen, die Frucht des Wissens mit Adam zu teilen. In diesem Sinne hätte Eva keinen Fehler begangen, als sie die Frucht des Wissens aß und als sie sie mit ihm teilte. Dann hätte der „Gott der Bibel" auch keine Veranlassung gesehen, die Frau zu verfluchen *(1.Mose* 3:16).

Diese Einwände schließen die Möglichkeit aus, dass Eva diesen Befehl von Adam erhielt. Da die Aussage in der Bibel nicht erwähnt wird, muss angenommen werden, dass Gott den Befehl an Eva weitergab, verbunden mit den zusätzlichen Informationen.

Der erste Befehl (der an Adam gerichtete) sagt nur: „ … davon darfst du nicht essen; denn an dem Tag, da du davon isst, musst du sterben!" Doch der Befehl, von dem Eva sprach, lautete: „ … aber von den Früchten des Baumes mitten im Garten hat Gott gesagt: ‚Esset nicht davon, rühret sie auch nicht an, dass ihr nicht sterbet'!" *(1.Mose* 3:3) Dem ersten Befehl zufolge hätte Adam die Frucht des Wissens berühren können, er hätte sie sogar in seinen Mund nehmen und diese, ohne zu schlucken, wieder ausspucken dürfen.

Der andere Baum in der Mitte des Gartens ist der Lebensbaum und trägt die Frucht, die Adam ewiges Leben ermöglicht hätte. Demnach hätten Adam und Eva, ohne die Frucht dieses Baumes zu essen, ohnehin sterben müssen—mit anderen Worten: Sie hätten jeden Moment sterben können!

Die Frage ist, warum der „Gott der Bibel“ Adam und Eva nicht über die Existenz der Frucht des Lebens informiert hat?

Ein uns bekannter katholischer Priester behauptet, dass Gott Adam erlaubt habe, Obst von jedem Baum zu essen, außer vom Baum des Wissens. Somit schließt der Priester den Lebensbaum mit ein.

Es wurde darauf hingewiesen, dass die Frucht des Wissens und die Frucht des Lebens in der Mitte des Gartens platziert waren. Wenn Adam und Eva über die Konsequenzen des Genusses und der Berührung der Frucht des Wissens von Gott informiert gewesen wären, wie hätten dann Eva oder Adam den Mut fassen können, zur Mitte des Gartens zu gehen, um die Frucht des Lebensbaumes zu bekommen? Denn ohne die Lebensfrucht wären sie zwangsläufig sterblich geblieben. Wenn sie jedoch an beide Bäume herangetreten wären, wie hätten sie dann den einen Baum von dem anderen unterscheiden können?

Außerdem informierte Gott sie nicht darüber, dass sich der Lebensbaum in der Mitte des Gartens befindet und dass sie ohne die Frucht des Lebens sterben würden. Obwohl er den Lebensbaum an denselben Schauplatz wie die verbotene

Frucht des Wissens stellte, warnte er sie vor den tödlichen Folgen, den Baum in der Mitte des Gartens zu berühren. Wenn Gott beabsichtigt hätte, dass Adam ewig leben sollte, hätte er den Lebensbaum und den Baum vom Tod nicht an dieselbe Stelle gepflanzt.

Statt ihnen vom Lebensbaum und seinem Standort zu erzählen, prophezeite er ihnen, dass sie bestimmt sterben würden, wenn sie zur Mitte des Gartens gingen.

Hier offenbart sich die Gerissenheit des Gottes der Bibel. Er weiß, dass Adam und Eva Angst vor dem Tod haben (er ist derjenige, der ihnen diese Angst einpflanzte), deshalb will er sie auch von der Mitte des Gartens Eden, wo der Lebensbaum steht, fernhalten.

Der Glaube ist, dass Adam durch das Nehmen der Frucht des Wissens über Gut und Böse zum Sünder geworden ist. Wenn dies der Fall wäre, dass Adam und Eva die Frucht des Wissens gehabt hätten, warum spricht dann Gott: „Seht, der Mensch ist geworden wie wir; er erkennt Gut und Böse." *(1.Mose* 3:22). Dies würde erstens bedeuten, dass der „Gott" der Bibel einer unter vielen und nicht der einzige und alleinige „Gott" wäre. Zweitens, hätten er und „die anderen" auch von der Frucht der Kenntnis von Gut und Böse essen müssen. Und drittens, warum wäre die Frucht des Wissens nur tödlich für Adam und Eva, nicht aber für ihn und „die anderen"? Wenn Adam ein Sünder wäre, weil er die Frucht des Wissens gegessen hat, wäre der „Gott der Bibel" schon vor Adam ein Sünder gewesen aus dem genau gleichen Grund.

Wenn Adam dem „Gott der Bibel" gleich geworden wäre, indem das Wissen über ihn kam, er aber trotzdem nicht ewig leben könnte, wäre auch „Gott" dazu bestimmt, zu sterben. Es muss beachtet werden, dass im Gegensatz zum „Gott" der Bibel Adams Nachwuchs weiterlebt und dass der Tod Adams und Evas deshalb nicht den Tod der Spezies Mensch bedeutet.

Verzweifelt weiter an ihrem Glauben festhaltend, behaupten einige meiner Freunde, die sich selber Zeugen Jehovas nennen, dass Eva log, als sie sagte: „Nur nicht die Früchte von dem Baum in der Mitte des Gartens. Gott hat gesagt: ‚Esst nicht davon, berührt sie nicht, sonst müsst ihr sterben!'" *(1.Mose* 3:3).

„Lügen" wird definiert als „eine unwahre Aussage machen, mit der Absicht zu betrügen" *(Merriam Webster's).* Welches Motiv hätte Eva denn gehabt, die Schlange zu betrügen? Sie hatte gar kein Motiv!

Umso mehr, wenn Eva ein Motiv gehabt hätte, würde sie zu der Schlange gehen und nicht die Schlange zu Eva.

Das Wichtigste in diesem Zusammenhang ist, dass das Gespräch zwischen Eva und der Schlange stattgefunden hat, bevor sie die Frucht von Gut und Böse nahm. Deshalb ist es unvernünftig zu argumentieren, dass die Frau böse Gedanken gegen die Schlange hegte.

Außerdem ist laut Bibel die Schlange der Satan: „Er ist die alte Schlange, die auch Teufel oder Satan genannt wird und die ganze Welt verführt.“ *(Offenbarung* 12:9).

Wenn Eva die Betrügerin wäre, dann wäre sie der Teufel und das würde uns alle zu Kindern des Teufels machen! Jesus wäre auch ein Kind des Teufels, weil auch er von einer Frau (Maria) geboren wurde.

Wenn die Worte des „Gottes“ der Bibel wahr wären, dann wäre Adam in dem Moment gestorben, als er die Frucht des Wissens berührte. Doch die Bibel sagt, dass Adam 930 Jahre lebte: „Und all die Tage, dass Adam lebte, waren neunhundertdreißig Jahre: und er starb.“ *(1.Mose* 5:5)

Manche meiner guten Freunde, Zeugen Jehovas, argumentierten, dass „für Gott ein Tag 1000 Jahre ist“, wie es in *Petrus* 3:8 steht. Deshalb spreche Gott die Wahrheit, als er Adam mitteilte, dass er noch an demselben Tag sterben würde.

Dieses Argument wird wie folgt widerlegt. In der Bibel steht: „Und Gott sah jedes Ding, das er gemacht hatte, und erblickte es war sehr gut. Und der Abend und der Morgen waren der sechste Tag." *(1.Mose* 1:31). Es war der sechste Tag, als er Adam schuf. „Und so vollendete Gott am siebenten Tage seine Werke, die er machte, und ruhte am siebenten Tage von allen seinen Werken, die er gemacht hatte.“ *(1.Mose* 2:2) Wenn ein Tag tausend Jahre hat, dann ist Adam, der am sechsten Tag geschaffen wurde, bis zum siebten Tag schon 1000 Jahre alt. Dies ist ein Widerspruch zu *1.Mose* 5:5, wo geschrieben steht: „Und all die Tage, dass Adam lebte, waren neunhundertdreißig Jahre: und er starb.“

Wenn Gott damit tatsächlich meinte, dass die Einnahme der Frucht des Wissens den Tod in 1000 Jahren zur Folge hätte, dann könnte es für Adam immer noch interessant gewesen sein, diese Frucht zu essen, da sie ihm ein tausendjähriges Leben bescheren würde. Dies kann ironischerweise mit dem Zigarettenrauchen verglichen werden. Die Raucher wissen genau, dass dieses Laster ungesund ist. Trotzdem rauchen die Menschen, weil sie die Gewissheit haben, dass sie nicht an dem Tag sterben werden, an dem sie rauchen.

Gottes Befehl beinhaltet nicht, dass Adam und Eva aus dem Paradies vertrieben würden, wenn sie vom Baum des Wissens äßen. Deshalb stellt sich hier die Frage: Warum verwies dann Gott die beiden des Paradieses? Er hatte ihnen doch bereits im Vorfeld genau erklärt, dass sie sofort sterben würden.

Und überhaupt, ist Wissen ein Verbrechen, das die Todesstrafe verdient? Ich meine: nein. Wenn Wissen ein Verbrechen wäre, dann müsste Jesus, der Sohn dieses Gottes der Bibel, auch sterben, weil er sagt: „Ihr sollt euch auch nicht ‚Lehrer' nennen lassen, denn nur einer ist euer Lehrer: Christus" *(Matthäus* 23:10). Ein Lehrer ist jemand der Wissen weitergibt. Wenn Wissen zu haben ein Verbrechen ist, wäre der, der Wissen weitergibt, ein noch größerer Verbrecher. Zum Vergleich: Der Drogenkonsum ist ein Verbrechen, der Handel mit Drogen ist jedoch noch schwerwiegender.

Mehrere Strafen für einen einzigen Fehler sind unfair. Jedoch verflucht Gott Adam und Eva aufs Schlimmste und verhängt in *1.Mose* 3:16-19 schwere Strafen über sie: „Und zur Frau sprach er: Ich will dir viel Mühsal schaffen, wenn du schwanger wirst; unter Mühen sollst du Kinder gebären. Und dein Verlangen soll nach deinem Mann sein, aber er soll dein Herr sein. Und zum Mann sprach er: Weil du gehorcht hast der Stimme deiner Frau und gegessen von dem Baum, von dem ich dir gebot und sprach: Du sollst nicht davon essen—, verflucht sei der Acker um deinetwillen! Mit Mühsal sollst du dich von ihm nähren dein Leben lang. Dornen und Disteln soll er dir tragen, und du sollst das Kraut auf dem Felde essen. Im Schweiße deines Angesichts sollst du dein Brot essen, bis du wieder zu Erde werdest, davon du genommen bist. Denn du bist Erde und sollst zu Erde werden."

Ein solches Auftreten gehört sich nicht für Gott. Gott ist gut, Gott ist gütig, Gott ist perfekt. Ungerecht, böse und fehlerhaft zu sein, sind Attribute des Teufels. Leider passt das Benehmen des Gottes der Bibel nicht zu dem, was man von Gott erwartet.

Einige meiner guten Freunde—Mormonen, die an die Bibel glauben—behaupten, dass Gott meinte, Adam würde geistig bzw. spirituell sterben, wenn er die Frucht vom Wissen über Gut und Böse esse.

Nachfolgend bemühe ich mich darum, meine im Widerspruch zur obigen Auffassung stehenden Gedanken näher zu erläutern.

In *1.Mose* 2:17 sagt Gott nirgends, dass Adam geistig sterben würde. Wer eine solche Vorstellung hat, legt dem biblischen Gott neue bzw. erfundene Worte in den Mund.

Wenn meine Freunde argumentieren, Adam sei in dem Moment, als er die Frucht des Wissens hatte, geistig gestorben: Was für ein Tod ist dann gemeint, wenn Adam laut Bibel mit 930 Jahren stirbt? Wie kann es einen anderen Tod Adams geben, wenn dieser nach dem Genuss der Frucht des Wissens mit einem spirituellen Tod bestraft wird?

Die einfache Wahrheit ist, dass es keinen „geistigen Tod“ gibt. Der Geist ist das Leben. Der Tod ist die Abwesenheit eben dieses Geistes im Innern des Körpers. Außerdem ist der Geist körperlos und deshalb unsichtbar.

Wie kann man den Tod von etwas bestimmen, das unsichtbar ist?

Wenn ein Geist in einem Körper verweilt, ist der Körper lebendig. In dem Moment, in dem der Geist den Körper verlässt, stirbt der Körper. Dies bedeutet, dass der Körper in dem Moment lebendig wird, in dem der Geist in ihn eintritt, und somit ist der Geist Träger des Lebens. Mit anderen Worten: Der Geist ist das Leben.

Infolgedessen steht fest, dass meine Freunde, wenn sie erwähnen, der Mann sei, nachdem er die Frucht des Wissens gegessen hatte, geistig gestorben, nicht logisch argumentieren. Denn es gibt nur eine Art von Tod: den Körpertod.

Als Gott dem Mann die Frau zuführte, gab er vor, eine geeignete Partnerin für den Mann erschaffen zu haben. Später verfluchte er dieselbe Frau, die, selbst wenn sie vom Mann geliebt werden möchte, nur von ihm unterdrückt würde *(1.Mose* 3:16). Zwischen „geliebt werden" und „beherrscht werden" besteht ein großer Unterschied. Ersteres gibt der Frau Freiheit und Selbstachtung, Letzteres jedoch nimmt der Frau ihre Eigenständigkeit und zerstört ihre Selbstachtung.

Die Frau wird auch „die bessere Hälfte" des Mannes genannt. Aber laut Bibel ist die Frau nur aus einem Rippenknochen Adams erschaffen worden. Sie ist verflucht und soll vom Mann beherrscht werden. Die Frau ist mit anderen Worten nichts anderes als die Sklavin des Mannes. Dies ist eine falsche, menschenverachtende und frauenunwürdige Lehre, die die Bibel hier vertritt und die weit von der Wahrheit entfernt ist. Wenn die Frau wirklich ein böses Wesen ist, warum sollte dann jemand daran denken, die Frau zu respektieren oder sie als Gleichgestellte zu akzeptieren? Dies ist leider eine der vielen unschönen Methoden, derer sich die Bibel absichtlich bedient, um die Frau zu diffamieren.

Die Bischöfe des sechsten Jahrhunderts diskutierten darüber, ob die Frau wirklich ein Mensch war oder ob sie diesen Namen tatsächlich verdiente. Auch Luther zitierte in Wittenberg im Jahre 1591 die Bibel wie folgt: „Der Mann dagegen soll seinen Kopf nicht bedecken; denn der Mann ist das Abbild Gottes und spiegelt die Herrlichkeit Gottes wider. In der Frau spiegelt sich die Herrlichkeit des Mannes. Der Mann wurde nicht aus der Frau geschaffen, sondern die Frau aus dem Mann. Der Mann wurde auch nicht für die Frau geschaffen, wohl aber die Frau für den Mann." *(1.Korinther* 11:7-9).

Es scheint, dass Luther, der „Vater der Reformation“, in seiner Hast die Frau zu diskriminieren, sogar die einfache mathematische Gleichung vergessen hat, dass wenn A = B und B = C ist, dann ist A = C. Mit anderen Worten, wenn der Mann das Abbild Gottes ist und die Frau das Abbild des Mannes, dann ist die Frau auch das Abbild Gottes.

Die Wahrheit widerlegt jedoch die Bibellehren. Mann und Frau verdanken ihr Dasein demselben Wesen: der Frau.

Der „heilige“ Thomas von Aquin, der große Kirchenlehrer, nannte die Frau „einen unvollkommenen Mann“ *(mas occasionatus).* Weiterhin vertrat er die Lehrmeinung, die unter dem Begriff „humuncleos“ folgende falsche Annahme behauptete: Das männliche Sperma liefere zu hundert Prozent das Grundmaterial für den Fötus. Der Mutterschoß sei nur die Erde, in der die Saat wachse. Die Wissenschaft und das Mikroskop haben diese männliche Egozentrik längst widerlegt.

Doch brauchen wir die Hilfe der Technik nicht, um Thomas’ Fehleinschätzung zu widerlegen. Wir wissen, dass der Beitrag des Vaters zur Zeugung eines Säuglings nicht einmal ein Gramm ist.

Der Rest stammt von der Mutter. Deshalb ist die Mutter keineswegs dem Vater untergeordnet, wie es vom heiligen Thomas und der Bibel dargestellt werden.

Der „Frauenhasser" Tertullian (200 n.Chr.), auch als der „Vater der lateinischen Kirche" in die Geschichte eingegangen, meinte, „Frauen sind das Tor, wodurch der Teufel eintritt—die Frau war die Ursache vom Fall und deshalb für den Tod des Sohns Gottes verantwortlich." Es sieht aus, als versuche Tertullian zu sagen, dass wir alle Frauen töten und diesem Menschengeschlecht ein Ende machen sollten, weil Frauen letztlich am Tod Jesu schuld sind? Damit Jesus überhaupt sterben konnte, wurde er zuerst von einer Frau (Maria) geboren. Der wahre Grund, weshalb er zum Tode verurteilt wurde, bestand darin, dass er sich mit den Juden zerstritten hatte. Er hatte die Juden auf verschiedene Weisen beleidigt, unter anderem sagte er: „Sie gehören zu ihrem Vater, dem Teufel, und sie wollen die Begierde ihres Vaters ausführen." *(Johannes* 8:44). Jesus wurde sogar von einem der Beleidigten mündlich gewarnt: „Einer der Religionsgelehrten sprach lauter: ‚…merken Sie, dass Sie uns beim Sagen dieser Dinge beleidigen'. " *(Lukas* 11:45)

Der Sohn Gottes hasst nicht nur die Juden, sondern er will auch jeden dazu bringen, ihre Geliebten zu hassen. In der Tat will Jesus, dass alle Menschen einander hassen, sogar die Mitglieder seiner eigenen Familie: „Wenn jemand zu mir kommt und hasst nicht seinen Vater, Mutter, Frau, Kinder, Brüder, Schwestern und dazu sich selbst, der kann nicht mein Jünger sein.“ *(Lukas* 14:26)

Während ich einen Freund zum oben genannten Vers befragte, sagte dieser, dass Jesus von Liebe spräche. Dies sei folgendem Zitat zu entnehmen:

„Aber ich sage euch, die ihr zuhört: Liebt eure Feinde; tut wohl denen, die euch hassen.“ *(Lukas* 6:27). Jesus scheint beides zu lehren. Aus einer menschlichen Perspektive sind seine Lehren jedoch völlig unannehmbar. Menschen haben von Natur aus die Tendenz, Wohl jenen zu bringen, die sie lieben. Eltern sind zu lieben und ihnen ist wohl zu tun. Nur wer seine Eltern hasst, will ihnen Schaden zufügen.

Jetzt zum Rest der Paradiesgeschichte:

Lassen Sie uns einen Blick in die Entwicklung der Geschichte werfen, in der Adam und Eva die verbotene Frucht essen: „Dann wurden ihnen beiden die Augen geöffnet, und sie wurden gewahr, daß sie nackt waren. Daher nähten sie Feigenblätter zusammen und machten sich Lendenschurze. Später hörten sie die Stimme Jehovas, der um die Tageszeit der Brise im Garten wandelte, und der Mensch und seine Frau versteckten sich nun vor dem Angesicht Jehovas Gottes inmitten der Bäume des Gartens. Und Jehova Gott rief den Menschen wiederholt und sprach zu ihm: „Wo bist du?“ Schließlich sagte er: „Deine Stimme hörte ich im Garten, aber ich fürchtete mich, weil ich nackt war, und so versteckte ich mich.“ Darauf sprach er: „Wer hat dir mitgeteilt, daß du nackt bist? Hast du von dem Baum gegessen, von dem nicht zu essen ich dir geboten hatte?“ Und der Mensch sagte weiter: „Die Frau, die du mir beigegeben hast, sie gab mir [Frucht] von dem Baum, und so aß ich.“ *(1.Mose* 3:7-12).

Es gibt viele Fragen, die man zu diesen Versen aus dem Buch Mose stellen kann.

Wir beginnen mit der Frage: Warum ging Gott zum Garten Eden?

Manche meiner Freunde stellen sich vor, dass Gott hier einen Abendspaziergang machte. Was auch immer meine Freunde sich vorstellen—

1.Mose 3:8 sagt: Später hörten sie die Stimme Jehovas Gottes, der um die Tageszeit der Brise im Garten wandelte, und der Mensch und seine Frau versteckten sich nun vor dem Angesicht Jehovas Gottes inmitten der Bäume des Gartens. Es wird nur erwähnt, dass er am Abend ging, nicht aber, dass es ein gewöhnlicher Abendspaziergang war. Und weiter ist zu bemerken, dass Adam und Eva Gott im Garten erwartet hätten, wenn er üblicherweise am Abend spazieren gegangen wäre. Beide sind jedoch in Panik geraten, als sie Gott erblickten und haben sich versteckt.

Weiter ist der Garten Eden Adams und Evas Zuhause. Wenn der „Gott der Bibel" einen Abendspaziergang gemacht hätte, würde er dies tun, ohne das Zuhause von Adam und Eva zu betreten und nach Adam zu rufen.

Aber die Geschichte besagt, dass, als er im Garten Eden war, nach Adam suchte. Gott hatte die Absicht, Adam zu treffen. Adam und Eva waren schon hinter den Bäumen verschwunden, als sie seine Schritte im Garten hörten. Dies ist der Grund, warum er Adam nicht finden konnte. Er konnte weder Adam noch Eva sehen, deshalb begann er, nach Adam zu rufen. Warum suchte er verzweifelt nach Adam und nicht nach Eva? Dieses Detail deutet darauf hin, dass er nur gekommen ist, um Adam zu treffen.

Schließlich antwortete Adam: „Deine Stimme hörte ich im Garten, aber ich fürchtete mich, weil ich nackt war, und so versteckte ich mich."

Als Adam und Eva die Stimme Gottes im Garten hörten, waren sie nackt, obwohl sie die Feigenblätter zusammengenäht hatten.

Die Bibel sagt, dass Gott mehrmals nach Adam rief: „Adam, wo bist du? Adam, wo bist du?" Einmal, zweimal, dreimal. Adam antwortete nicht. Warum? Weil er dachte, Gott würde sein Versteck finden und ihn nackt sehen.

Warum rief er Adam wieder und wieder? Es wird doch angenommen, dass Gott allwissend ist. Doch er wusste nicht, hinter welchem Baum sich Adam versteckt hatte. Es sieht aus, als würden Adam und Eva mit Gott wie Kinder Verstecken spielen. Gott konnte die beiden nicht finden, denn Adam war klüger.

Solange Adam nackt ist, besitzt er nicht den Mut, zu antworten. Nach einer Weile antwortet er jedoch. Das bedeutet, dass er sein Geschlechtsteil inzwischen verdeckt hat und seine Furcht verschwunden ist.

Die Bibel sagt: „Adam und seine Frau waren nackt, aber sie schämten sich nicht dafür." *(1.Mose* 2:25) Als sie von der Frucht des Wissens gegessen hatten, wurden ihnen die Augen geöffnet und sie wussten, dass sie nackt waren. Sie zeigten keine Zeichen von Furcht, als sie ihre Nacktheit bemerkten. Stattdessen nähten sie Feigenblätter zusammen, um ihre Geschlechtsteile zu bedecken. Warum? Schämten sie sich ihrer Nacktheit?

Der Grund für Adam und Evas Furcht besteht darin, ihre Nacktheit dem „Gott der Bibel" zu zeigen. Diese Furcht können die beiden nur überwinden, wenn sie ihre Geschlechtsteile bedecken. Als Adam die Antwort an Gott richtete, sagte er, dass er nackt sei und sich deshalb fürchte. Dies bedeutet, dass er nun nicht mehr nackt ist und keine Angst mehr verspürt.

Lassen Sie mich daran erinnern, dass die Größe des Gartens Eden immens ist, weil sich alle Arten von Bäumen darin befinden—wie die Bibel behauptet. Wenn Gott seinen üblichen Abendspaziergang durch den Garten machen würde, wäre es möglich, dass er Adam und Eva gar nicht trifft; sie konnten irgendwo in diesem riesigen Garten sein. Gott ruft aber nach Adam, weil er nicht weiß, wo sich Adam befindet. Es scheint, dass

Gott an diesem Abend in den Garten gekommen ist, um Adam zu treffen.

Adam fürchtete sich, als er die Schritte Gottes hörte. Das heißt, er fürchtete sich, weil er wusste, dass Gott kam, um ihn zu treffen. Es ist klar, dass die Ursache seiner Furcht mit dem „Gott der Bibel“ und seinem Geschlechtsteil zu tun haben muss, das er später bedeckte. Warum hat dieser „perverse“ sogenannte Gott der Bibel das erste Menschenpaar nicht von Anfang an mit Kleidern bedeckt?

Die Bibel sagt, dass Adam und seine Frau nackt waren, dass sie sich aber nicht schämten. So waren Mann und Frau wie Tiere. In physischer Erscheinung ist der Mann wie ein Tier, das aufrecht geht, zum Beispiel wie ein Schimpanse. Die Tiere sind schamlos (schamlos: unfähig, Schande wahrzunehmen; *Merriam Webster's),* obwohl sie nackt sind. Der Unterschied zwischen Mann und Tier besteht darin, dass der Mann in der Lage ist, zu wissen, dass es eine Schande ist, nackt zu sein. Wenn Gott der wahre Schöpfer des Menschen wäre, dann wäre das Erste, was er dem Mann hätte geben müssen, die Kenntnis von Wohl und Übel gewesen. Aber der sogenannte Gott der Bibel verhält sich gegenteilig. Er versichert dem Mann, er sei frei, von jedem Baum des Gartens zu essen, aber er dürfe nicht vom Baum der Kenntnis von Gut und Böse essen. Am Tag, an dem er davon esse, werde er sterben.

Furcht ist eine Gemütsverfassung; definiert als „mit Sorge um eine unerwünschte Situation gefüllt.“ *(Merriam Webster's)* Das Kind fürchtet, sich dem Feuer zu nähern, weil sein Gedächtnis es an die Erfahrung erinnert, dass die Hitze des Feuers schmerzt. Für Adam und Eva bedeutet dies, dass sie eine schmerzhafte Erfahrung durch Gott vermittelt bekamen—nämlich die Erfahrung, nackt zu sein.

Moses behauptet, das Entstehungsbuch vor 3500 Jahren geschrieben zu haben. Solange der Mensch den Unterschied zwischen Wohl und Übel nicht kennt, wird er auch den Unterschied zwischen Gott und Teufel, mit anderen Worten: zwischen seinem Freund und seinem Feind, nicht kennen. Weil Gott als das Wohl definiert ist, repräsentiert er die Perfektion des Guten *(Merriam Webster's:* Gott ist das perfekte Wesen in Macht, Weisheit und Güte); der Teufel ist das Gegenteil, definiert in *Merriam Webster's* als „der höchste Geist des Übels“.

Wenn der Gott Licht ist, ist der Teufel Dunkelheit. Wenn man die Kenntnis von Gut und Böse nicht hat, kann niemand wissen, was zu tun ist oder was nicht zu tun ist. So erging es Adam und Eva vor der Einnahme der „Frucht der Kenntnis von Gut und Böse". Ihr Verstand war der eines Säuglings oder eines Kleinkindes. Das Außergewöhnliche an Menschen in diesem Alter ist, dass sie an alles glauben, was ihnen gesagt wird. Ein Beispiel dazu: Eine Mutter füttert ihr dreijähriges Kind und verspricht—dabei auf den Mond zeigend—, ihm den Mond zu schenken, wenn es noch etwas mehr essen würde. Das Kind glaubt seiner Mutter und isst mehr.

In diesem Beispiel spricht die Mutter von Dingen, die sie nicht verwirklichen kann, doch ihr Motiv rechtfertigt das Versprechen. Die Drohung Gottes, Adam und Eva würden sterben, wenn sie die „Frucht des Wissens" essen, ist jedoch keinesfalls gerechtfertigt. Denn er tut dies in der Absicht, sie zu täuschen, damit sie nicht in die Nähe des Baumes des Lebens gehen würden.

Man sollte an die Worte der Eltern, der eigenen Frau und Kinder, der Schwestern und Brüder, der Menschen, die man als gute Freunde kennt, glauben, denn sie sind dir wohl gesonnen. Aber glaube nicht an Jesus, der behauptet, dein Retter zu sein und befiehlt: „ … liebt eure Feinde; tut denen Gutes, die euch hassen." *(Lukas* 6:27)

Der Mensch darf seinen Feind Luzifer nicht vergessen, den Vater der Lügen, der nichts tut, außer zu lügen. Es ist der Lügner, der immer wieder darum bittet, an seine Worte zu glauben, sodass er Raum im Verstand der Menschen einnehmen kann. „Maria-Jesus" hat behauptet, „Christus" zu sein, der lang erwartete König der Juden. „Pilatus fragte ihn: ‚Bist du der König der Juden?' ‚Du sagst es', gab Jesus zur Antwort." *(Lukas* 23:3) Er verfluchte sogar die Juden mit folgenden Worten: „Darum habe ich euch gesagt, dass ihr sterben werdet in euren Sünden; denn wenn ihr nicht glaubt, dass ich es bin, werdet ihr sterben in euren Sünden." *(Johannes* 8:24). Demnach sollte jeder Mensch an die Behauptungen Jesu glauben, wenn er leben möchte, ganz egal, wie unbegründet es ist! Sobald die Menschen auf seine Drohung eingehen und ihm Raum geben, beginnt er seine Arbeit in ihnen.

Als Gott zu Adam und Eva sagte, dass sie, sobald sie die „Frucht des Wissens" essen, sterben würden, glaubten sie ihm und aßen diese Frucht auch nicht. „Da sprach die Schlange zur Frau: ‚Ihr werdet keineswegs des Todes sterben, sondern Gott weiß: An dem Tage, da ihr davon esst, werden eure Augen aufgetan, und ihr werdet sein wie Gott und wissen, was gut und böse ist'." *(1.Mose* 3:4-5).

Wenn die Schlange nicht eingegriffen hätte, wenn Eva den Schritt, die „Frucht des Wissens" zu nehmen, nicht gegangen wäre und Adam nicht aufgefordert hätte, mit ihr die Frucht zu essen, wenn Adam „Gott" vertraut hätte, wäre die Menschheit nackt und unwissend geblieben. Alles, was der Mensch gehabt hätte, wäre die Furcht vor dem Tod, die ihn früher oder später getötet hätte.

Der Mann befolgte den Befehl des Gottes der Bibel nicht und aß die Frucht. Er starb, als er 930 Jahre alt war, wie die Bibel sagt. Die Bibel sagt auch: „Deshalb gilt: Wie die Sünde durch einen einzigen Menschen in die Welt kam, so auch die Überwindung der Sünde. Die Sünde dieses einen brachte den Tod mit sich, und alle verfielen dem Tod, weil sie auch alle selbst sündigten." *(Römer* 5:12)

Wenn der Grund dafür, dass der Tod auf die Erde kam, darin besteht, dass der Mann von der Frucht des Wissens aß, warum sterben dann die Tiere? Sterben sie, weil sie dem Befehl Gottes nicht gehorchten und die Frucht des Wissens essen? Wenn die Tiere die Frucht des Wissens essen, warum waren sie sich ihrer Nacktheit immer noch nicht bewusst? Jedes nackte Tier auf der Erde beweist die Unwahrheit der Bibel.

In der Bibel lautet die Aufforderung, der zufolge die Menschen bzw. Petrus Tiere, Vögel und Reptilien töten und essen sollen, wie folgt: „Da bekam er Hunger und wollte essen. Während das Essen zubereitet wurde, hatte er eine Vision. Er sah den Himmel geöffnet und es kam daraus etwas auf die Erde herab, das sah aus wie ein großes Tuch, das an vier Ecken gehalten wird. Darin befanden sich alle Arten von vierfüßigen Tieren, Kriechtieren und Vögeln. Eine Stimme rief: ‚Auf, Petrus, schlachte und iss! ‘“ *(Apostelgeschichte* 10:10-13).

Und dieselbe Stimme befiehlt auch den Vögeln in der Offenbarung des Johannes: „Dann sah ich einen Engel, der stand in der Sonne. Er rief allen Vögeln, die hoch am Himmel flogen, mit lauter Stimme zu: ‚Kommt, versammelt euch für **Gottes großes Festmahl**! Kommt und fresst das Fleisch von Königen, Heerführern und Kriegern! Fresst das Fleisch der Pferde und ihrer Reiter, **das Fleisch von allen Menschen**, von Sklaven und Freien, von Hohen und Niedrigen!‘“ *(Offenbarung* 19:17-18)

Wie kann dieses schreckliche Wesen, das davon träumt, das Fleisch aller menschlichen Wesen zu essen, Gott sein, die Perfektion des Guten? Wenn das Abendessen vom „großen Gott“ Fleisch von allen Menschen ist, so frage ich mich, was wären dann wohl Frühstück und Mittagessen von diesem biblischen Monster?

Zurück zu unserem Thema: der Garten Eden.

Also machte der „Gott der Bibel" Kühe und Schafe, Krähen und Papageien, Tiger und Elefanten, um einen geeigneten Partner für den Mann zu finden. „Und Gott der HERR sprach: Es ist nicht gut, dass der Mensch allein sei; ich will ihm eine Gehilfin machen, die um ihn sei. Und Gott der HERR machte aus Erde alle die Tiere auf dem Felde und alle die Vögel unter dem Himmel und brachte sie zu dem Menschen, dass er sähe, wie er sie nennte; denn wie der Mensch jedes Tier nennen würde, so sollte es heißen. Und der Mensch gab einem jeden Vieh und Vogel unter dem Himmel und Tier auf dem Felde seinen Namen; aber für den Menschen ward keine Gehilfin gefunden, die um ihn wäre." *(1.Mose* 2:18-20)

Nach dem Verfluchen der Menschen sagte der „Gott der Bibel": „Nun ist der Mensch wie einer von uns geworden und weiß, was gut und was schlecht ist. Es darf nicht sein, dass er auch noch vom Baum des Lebens isst. Sonst wird er ewig leben!" Und er schickte den Menschen aus dem Garten Eden weg, damit er den Ackerboden bearbeite, aus dem er gemacht war. So trieb Gott, der Herr, die Menschen hinaus und stellte östlich von Eden die Cherubim und das flammende Schwert als Wächter auf. Niemand sollte zum Baum des Lebens gelangen können." *(1.Mose* 3: 22-24)

Gott wusste nicht, dass der Mann vom Baum des Wissens gegessen hatte, denn er fragte: „Hast du etwa von den verbotenen Früchten gegessen?" *(1.Mose* 3:11) Im Gegensatz dazu war Gott sicher, dass Adam nicht von dem Baum gegessen hatte, von dem es ihm erlaubt war, Früchte zu essen, nämlich vom Baum des ewigen Lebens. Dies ist unmöglich, weil er wusste, dass, solange der Mann Angst hatte, er es nicht wagen würde, in die Mitte des Gartens Eden zu gehen, in der sich die Frucht des ewigen Lebens befand.

Wusste Gott nicht, dass Adam und Eva ohne die „Frucht des Lebens" sterben würden? Dann hätte er ihnen zuerst den Standort des Lebensbaumes mitteilen sollen. Statt dies zu tun, schwindelte er ihnen vor, sie müssten sterben, wenn sie die Frucht des Baumes in der Mitte des Gartens essen. Es ist unmöglich, dass der „Gott der Bibel" sicher wusste, dass der Tod eintreten würde, wenn sie dies tun. Nach der Bibel gibt es zwei Bäume in der Mitte des Gartens. Da Adam und Eva aber nur über einen Baum in der Mitte des

Gartens informiert waren, ist es möglich, dass sie versehentlich von der „Frucht des Lebens" gegessen haben. Der einzige Grund dafür, dass er ihnen sagte, sie würden bestimmt sterben, ist der, dass sie sich vor dem Tod fürchteten und deshalb nicht in die Nähe der „Frucht des Wissens" gehen sollten. Mann und Frau sollten den Unterschied zwischen Recht und Unrecht nie kennen lernen und ihre Nacktheit nie wahrnehmen können. Nur so konnte der „Gott der Bibel" dies zu seinem Vorteil nutzen.

Der „Gott der Bibel" hat ursprünglich gesagt, dass Adam die Frucht aller Bäume essen kann, nur nicht die vom Baum des Wissens. Dies war eine trügerische Falle, denn kurz danach hat er ihnen bestätigt, dass sie nun leben, um auch die Frucht des Lebensbaumes zu essen. Dies ist die Bekräftigung dessen, dass er alles, was er ursprünglich einmal sagte, ins Gegenteil verkehrt hat.

Die Schlange sagte, dass ihre Augen geöffnet werden, dass sie wie Gott Wissende über Gut und Böse sein werden: „Da wurden ihnen beiden die Augen aufgetan und sie wurden gewahr, dass sie nackt waren…" *(1.Mose* 3:7). In *1.Mose* 3:22 gibt Gott auch die Wahrhaftigkeit der weiteren Aussagen der Schlange zu: „Siehe, der Mensch ist geworden wie unsereiner und weiß, was gut und böse ist.“ Diese Worte unterstreichen die Wahrhaftigkeit dessen, dass „Gott“ wusste, dass die Schlange die Wahrheit sagte.

In Wirklichkeit ist alles, was die Schlange sagte, aufrichtig und ehrlich, während alles, was aus „Gottes“ Munde kam, unwahr und unehrlich ist.

Entsprechend der Erklärung in *1.Mose* 2:16-17 sind dem Mann alle Früchte im Garten erlaubt, außer der Frucht des Wissens. Dies schließt also auch die Früchte des „Baumes des ewigen Lebens“ mit ein. Aber entsprechend der Erklärung „Gottes“ in *1.Mose* 3:22 ist es unmöglich, dass der Mann die „Frucht des ewigen Lebens“ essen kann, ohne vorher die „Frucht des Wissens“ gegessen zu haben. Denn ohne die „Frucht des Wissens“ hätten Adam und Eva nie die Kenntnis gehabt, dass sie bloß ihre Hand hochheben müssen, um die „Frucht des ewigen Lebens“ zu pflücken. Es war stets nur der „Gott der Bibel“, der von der Existenz dieses Baumes wusste.

Seine Absicht war es, ihnen Angst einzuflößen, damit sie niemals über das ewige Leben verfügen. Sein Motiv wird aus den folgenden Worten ersichtlich: „Nun aber, dass er nur nicht ausstrecke seine Hand und breche auch von dem Baum des

Lebens und esse und lebe ewiglich!“ *(1.Mose* 3:22)

Wenn der „Gott“ die Wahrheit gesagt hätte, wären Adam und Eva in dem Moment, als sie die „Frucht des Wissens“ berührten, gestorben. Stattdessen geschah dies: „Da waren beiden die Augen aufgetan.“ *(1.Mose* 3;7)

Wie die Schlange Eva versicherte, starben sie nicht, als sie die „Frucht des Wissens“ berührten. Laut Bibel starben sie, weil „Gott“ sie aus dem Garten Eden wies, bevor sie die „Frucht des ewigen Lebens“ essen konnten. Das macht den „Gott der Bibel“ für ihren Tod verantwortlich und nicht die Schlange. Mit anderen Worten: Der „Gott der Bibel“ ist der Mörder des Menschen. Das ist der Höhepunkt der „Paradies“—Geschichte. Der gleiche „Gott der Bibel“, der behauptet, der Schöpfer des Menschen zu sein, ist selbst der Lügner, der Betrüger oder anders ausgedrückt, der Repräsentant des Bösen dieser Geschichte.

Man könnte sich fragen, warum er nach der Vertreibung von Mann und Frau aus dem Garten Wächter aufstellt oder warum er keine aufstellte, bevor sie Wissen erhielten? Es ist ganz einfach: Weil es in Wirklichkeit kein Paradies mit einem Baum des Wissens und einem Baum des Lebens in der Mitte gibt. Diese Geschichte ist die listige Arbeit einer völlig bösen und menschenverachtenden Psyche.

Hier noch ein paar Fragen, die zeigen, dass der Garten Eden nur im Kopf des „Gottes der Bibel" existierte.

Die Frucht, die ewiges Leben schenkt, wurde ihnen also nicht verboten. Wie kann Gott dann sagen, dass er vom Baum des ewigen Lebens essen darf und beim Berühren der „Frucht des Wissens" trotzdem sterben werde? Diese Worte sind in sich selbst widersprüchlich und die Aporie ist ein Hauptmerkmal der Lüge.

Diese Einsicht wird noch durch folgenden Befehl untermauert: „ … (iss) nur nicht vom Baum der Erkenntnis. Sonst musst du sterben." *(1.Mose* 2:17). Das bedeutet: Wenn Adam die Frucht des Wissens nicht isst, würde er nie sterben. Welchen Zweck hat der Baum des Lebens dann?

Die Botschaft dieser Geschichte ist leicht durchschaubar. Mann und Frau lebten ohne Sünde, als sie ohne Selbsterkenntnis waren. In dem Moment, als sie realisierten, dass sie nackt wie die Tiere waren und sich deshalb schämten, wurden sie Sünder. Kein Wunder, dass es Strände im sogenannten zivilisierten Teil der Welt gibt, wo sich die Anhänger dieses Gottes völlig nackt und ohne Scham zeigen. Ich frage meine Schwestern, die sich für die Nacktheit im Freien nicht schämen: Wenn es richtig ist, nackt zu leben und sich nicht beschämt zu fühlen, weshalb zog der „Gott" den Mann und die Frau an? „Und Gott, der Herr, machte für den Menschen und seine Frau Kleider aus Fellen." *(1.Mose* 3: 21)

Wenn es eine Sünde ist, Geschlechtsteile mit Feigenblättern zu bedecken, dann ist das Bedecken des Körpers mit Tierfellen eine noch größere Sünde. Denn der Mann und die Frau haben wenigstens keine Tiere getötet, um ihre Nacktheit zu bedecken. Nebenbei: War der „Gott der Bibel" auch nackt und nicht beschämt, als er mit Adam und Eva sprach? Oder hatte er sich aufgrund seiner Nacktheit geschämt und sein Geschlechtsteil mit Tierfellen bedeckt? Wenn er angezogen wäre, dann nur, weil er sich dafür schämte, nackt zu sein. Wenn Nacktsein und Schamlosigkeit die richtigen Antworten wären, hätte Gott sie nicht anziehen sollen, als sie ihre Geschlechtsteile mit Feigenblättern bedeckten. So oder so gibt es nur Widersprüche in dieser Geschichte und der „Gott der Bibel" ist deren Urheber.

Die Bibel beginnt mit der Paradiesgeschichte und diese bildet somit das Fundament des Judentums,

Christentums und des Islam. Zu Beginn der Geschichte äußert Gott die süßen Worte, die sagen, dass die Menschen frei wären, jede Frucht aus dem Garten zu essen inklusive der Frucht, die ewiges Leben schenkt. Die Geschichte endet jedoch mit der Absicht Gottes, dass Menschen nicht ewig leben sollten.

Nur durch die Schlange hatten sie den Mut, Wissen zu erlangen, trotz der überwältigenden Drohung Gottes. Wenn sie unwissend gewesen wären, hätten sie niemals Kinder gehabt. „Und Adam erkannte seine Frau Eva, und sie ward schwanger.“ *(1.Mose* 4:1). Wenn die Schlange der Frau ihre Furcht nicht genommen hätte, wären die beiden nie zur Mitte des Gartens gegangen. Demnach wären sie nie in der Lage gewesen, die „Frucht des ewigen Lebens“ oder die „Frucht des Wissens“ zu kosten. In diesem Fall hätten sie keinen Nachwuchs gehabt und dies hätte den Tod von Adam und Eva bedeutet bzw. den Tod der Spezies!

Die klare Schlussfolgerung daraus lautet, dass wir Menschen es der Schlange zu verdanken haben, dass der Mann/Mensch im Paradies nicht gestorben ist. An die Lügen des „Gottes der Bibel“ zu glauben und das zu tun, was er sagt, wäre gleichbedeutend mit dem Verschwinden unserer Spezies gewesen.

Diese Darlegung sollte auch Sie, lieber Leser, liebe Leserin, in der Überzeugung bestärken, dass man nicht an den „Gott der Bibel“ glauben sollte, und dass die sogenannte „Heilige Schrift“ ein Buch voller Widersprüche und Unwahrheiten ist.

Tatsache ist, dass „Adam“ und „Eva“ Namen für „Mann“ und „Frau“ sind. Wahrlich, ich sage euch, Mann und Frau leben immer noch. Derjenige, der all dies schreibt, ist ein von einer Frau geborener Mann. Beide leben immer noch. Somit bestätigen jeder lebende Mann und jede lebende Frau, dass die Bibel ein Buch von Lügen ist.

Jesus Geburt: Die Wahrheit

Obwohl es vier Bücher gibt, die von Jesus erzählen, sprechen nur Matthäus und Lukas über das Thema der Geburt Jesu und wie es dazu gekommen ist. *Matthäus* 1:18-20: „Und so wurde Jesus Christus geboren: Seine Mutter Maria war mit Josef verlobt. Noch vor der Ehe erwartete Maria—durch den Heiligen Geist—ein Kind. Josef wollte nach Gottes Geboten handeln, aber auch Maria nicht öffentlich bloßstellen. So überlegte er, die Verlobung stillschweigend aufzulösen. Noch während er nachdachte, erschien ihm im Traum ein Engel Gottes und sagte: ‚Josef, du Nachkomme Davids, zögere nicht, Maria zu heiraten! Denn das Kind, das sie erwartet, ist vom Heiligen Geist.'"

Das genannte Bibelzitat versucht eine bekannte Szene zu schildern: Bevor sie (Maria und Josef) zusammenkamen, fand Josef Maria schwanger mit dem Kind vom Heiligen Geist vor, und weil er ein frommer Mann war, wollte Josef sich im Geheimen scheiden lassen, um zu verhindern, dass Maria der öffentlichen Ungnade ausgesetzt wird. Dies ist eine denkbare Lösung, basierend auf dem Gesetz, das den Juden durch Moses gegeben wurde, welches sagt: „Wenn jemand ein Weib nimmt und ehelicht sie, und sie nicht Gnade findet vor seinen Augen, weil er etwas Schändliches an ihr gefunden hat, so soll er einen Scheidebrief schreiben und ihr in die Hand geben und sie aus seinem Haus entlassen.“ *(5.Mose* 24:1)

Mit anderen Worten: Josef könnte sich von Maria scheiden lassen, ohne bekannt zu geben, dass sie vor der Heirat schwanger war (durch den Heiligen Geist). Josef entscheidet sich nach seinem Traum gegen die Scheidung, wie im Zitat erwähnt ist. Die Geschichte geht weiter mit: „Als Josef erwachte, tat er, was ihm der Engel des Herrn befohlen hatte, und heiratete Maria. Er schlief aber nicht mit ihr bis zur Geburt ihres Sohnes. Josef gab ihm den Namen Jesus.“ *(Matthäus* 1:24-25)

Es gibt klare Unstimmigkeiten in dem oben genannten Zitat, einige werden hier besprochen:

Wenn Josef, schon wissend, dass Maria durch den Heiligen Geist schwanger war, entschieden hätte, sie loszuwerden, warum hätte er seine Meinung ändern sollen, wenn er später in seinem Traum über das, was er schon wusste, informiert worden wäre, dort hörte er: “Josef, du Nachkomme Davids, zögere nicht, Maria zu heiraten! Denn das Kind, das sie erwartet, ist vom Heiligen Geist"?

Entsprechend der Erzählung in *Matthäus* hat der „Gott der Bibel" Josef nicht von der Schwängerung seiner zukünftigen Frau informiert, bevor Gott sie schwängerte. Aber sobald Josef sich für die Scheidung von Maria entschieden hatte, erschien ein Engel Gottes. Es folgt daraus: Hätte Josef vor der Heirat nichts gewusst über Marias geheime Schwangerschaft und nicht daran gedacht, sich von ihr scheiden zu lassen, wäre der Engel Gottes Josef nicht erschienen, nicht mal im Traum.

Ist es richtig seitens des sogenannten Gottes der Bibel, Josefs zukünftige Frau ohne dessen Wissen zu schwängern? Was wäre mit Maria geschehen, wenn Josef sie nicht geheiratet hätte? Sie hätte Jesus geboren und die Juden, entsprechend ihrem Gesetz, hätten sie zu Tode gesteinigt, weil sie schwanger, aber nicht verheiratet war.

Josef hatte mit Maria keinen sexuellen Kontakt bis nach der Geburt von Jesus. Bedenke: Als Jesus zwölf Jahre alt war, wurde er in Jerusalem vermisst und wurde drei Tage später im Tempelhof gefunden: „Die Eltern waren fassungslos, als sie ihn dort fanden. ‚Kind', fragte ihn Maria, ‚wie konntest du uns nur so etwas antun? Dein Vater und ich haben dich überall verzweifelt gesucht!' ,Warum habt ihr mich gesucht?', erwiderte Jesus. ,Habt ihr denn nicht gewusst, dass ich im Haus meines Vaters sein muss?' Doch sie begriffen nicht, was er damit meinte." *(Lukas* 2:48-50)

Josef wusste, dass der Heilige Geist Jesu Vater war, und er heiratet Jesu Mutter in einem rechtschaffenen Akt, um sie vor der öffentlichen Schande zu schützen. Er hatte keinen sexuellen Kontakt mit ihr bis nach der Geburt von Jesus und er nannte ihn Jesus, wie es ihm durch die Engel befohlen worden war. Als er von Jesus gefragt wurde: „Wusstest du nicht, dass ich im Hause meines Vaters sein muss?", verstand er dies nicht. Die Bibel sagt, dass nicht nur Josef, sondern auch Maria nicht verstanden hatte. Diese Erzählung kann also unmöglich wahr sein.

Sogar als Jesus über 30 Jahre alt war, konnte Maria immer noch nicht verstehen, was Jesus sagte und tat. Sie dachte, Jesus sei verrückt geworden:

„Als das seine Angehörigen erfuhren, machten sie sich auf den Weg, um ihn mit Gewalt wegzuholen, denn sie sagten sich: ,Er muss verrückt geworden sein'." *(Markus* 3:21) „Inzwischen waren die Mutter und die Brüder von Jesus angekommen. Sie standen vor dem Haus und schickten jemand, um ihn herauszurufen." *(Markus* 3:31)

Diese Passage beweist, dass die Geschichte von der Erscheinung Gabriels vor Maria nicht stimmen kann.

Lasst uns einen Blick darauf werfen, was Lukas zu den Ereignissen kurz nach Marias Schwängerung zu sagen hat: „Da sagte Maria: ‚Ich gehöre dem Herrn, ich bin bereit. Es soll an mir geschehen, was du gesagt hast.' Darauf verließ sie der Engel. Bald danach machte sich Maria auf den Weg und eilte zu einer Stadt im Bergland von Judäa. Dort ging sie in das Haus von Zacharias und begrüßte Elisabet. Als Elisabet ihren Gruß hörte, hüpfte das Kind in ihrem Leib. Da wurde sie vom Geist Gottes erfüllt und rief laut: ‚Gesegnet bist du von Gott, auserwählt unter allen Frauen, und gesegnet ist die Frucht deines Leibes!'" *(Lukas* 1:38-42)

Lukas zufolge war Elisabet die erste Person, die von der geheimen Schwangerschaft Marias erfahren hatte. In der Folge kehrte Maria, die mit Josef verlobt und seit drei Monaten schwanger war, in ihr Haus zurück. Erst jetzt heirateten Maria und Josef. Dies ist gar nicht möglich, weil Maria nur sechs Monate nach ihrer Heirat Jesus geboren hatte und die Leute gemerkt hätten, dass sie schon vor der Heirat schwanger war und dass der Vater ihres Kindes nicht Josef war. Maria wäre also in öffentliche Ungnade gefallen, da Josefs Rechtschaffenheit mit der Heirat in Frage gestellt worden wäre.

Wenn Maria von Nazareth in Galiläa, nachdem sie schwanger geworden war, in eine Stadt in Judäa eilte, um die ältere und im sechsten Monat schwangere Elisabet zu treffen, wie hätte es dann sein können, dass Josef, der nichts von all dem wusste, daran gedacht haben sollte, sich von Maria scheiden zu lassen? Legte die ältere Elisabet, selbst im sechsten Monat schwanger, Meilen von Judäa nach Nazareth zurück, um Josef über die Schwangerschaft seiner zukünftigen Frau zu informieren? Die Bibel verneint dies: „Und Maria blieb bei ihr bei drei Monaten; darnach kehrte sie wiederum heim." *(Lukas* 1:56)

Die einzige Person in dieser Szene ist Zacharias, der Ehemann der älteren Elisabet, der durch den Engel Gabriel stumm gemacht wurde: „Und siehe, du wirst verstummen und nicht reden können bis auf den Tag, da dies geschehen wird, darum dass du meinen Worten nicht geglaubt hast, welche sollen erfüllt werden zu ihrer Zeit." *(Lukas* 1:20)

Kann sich jemand vorstellen, dass der alte Mann Zacharias zu Josef rannte, dem zukünftigen Ehemann von Maria und ihm mit Gesten mitteilte, dass Maria durch den Heiligen Geist geschwängert wurde?

Falls Josef vor der Heirat über Marias Schwangerschaft durch den Heiligen Geist erfahren hatte, ist die Geschichte, dass Maria Elisabet kurz nach ihrer Schwängerung für drei Monate besuchte, eine Lüge. Die sogenannte Heilige Bibel erzählt nicht die Wahrheit, nicht einmal über die Geburt von Jesus.

Der Vater der Lügen

Alle Probleme des Menschen können auf das Wirken seines Feindes, nämlich Jesus, in seiner Mitte in Gestalt seines Freundes und Erlösers zurückgeführt werden. –Leo der Grosse

Jesaja nennt Luzifer den Morgenstern. „Du Morgenstern, wie konnte es geschehen, dass du vom hohen Himmel niederstürztest?" (14:12)

Hier proklamiert Jesus, er selbst sei Luzifer „Ich, Jesus, habe meinen Engel gesandt, um euch, den Propheten, zuverlässig mitzuteilen, was auf die Gemeinden zukommt. Ich bin der Wurzelspross und Nachkomme Davids. Ich bin der leuchtende Morgenstern." (*Offenbarung* 22:16)

Ebenso finden wir in *Johannes* 6:51 eine Behauptung von Jesus in Bezug auf das Brot, das er gibt: „Und das Brot, dass ich geben werde, ist mein Fleisch, welches ich geben werde für das Leben der Welt." (ebenso: *Johannes* 6:56: „Wer mein Fleisch isst und trinket mein Blut, der bleibt in mir und ich in ihm.") Aber wenn jemand das Brot tatsächlich nimmt, ist es Satan, der in ihn fährt: „Er nahm ein Stück Brot, tauchte es ein und gab es Judas, dem Sohn von Simon Iscariot. Sobald

Judas das Brot genommen hatte, nahm der Satan ihn in Besitz." *(Johannes* 13:26-27).

Anstelle von Jesus geht Satan hinein, wenn eine Person tatsächlich das Brot empfängt, das ihm von Jesus gegeben wird. Dies kommt daher, dass Jesus und Satan ein und derselbe sind.

Wer ist Johannes der Täufer?

Johannes der Täufer ist der erste, der bestätigt, dass Jesus der Sohn Gottes ist. Aber wenn man die Fakten betrachtet, wird klar, dass diese Behauptung falsch und haltlos ist. Überdies wird er durch seine eigenen Worte widerlegt.

In *Johannes* 1:29 sagt Johannes, der Täufer in Bezug auf Jesus:

„Siehe, das ist Gottes Lamm, welches der Welt Sünde trägt!" In *Johannes* 1:32 sagt Johannes der Täufer: „Ich sah, dass der Geist herabfuhr wie eine Taube vom Himmel und blieb auf ihm." In *Johannes* 1:34 wird der Täufer zitiert: „Und ich sah es und zeugte, dass dieser ist Gottes Sohn."

In *Matthäus* 11:2-3 liest man: „Da aber Johannes im Gefängnis die Werke Christi hörte, sandte er seiner Jünger zwei und ließ ihm sagen: Bist du, der da kommen soll, oder sollen wir eines anderen warten?“

Der Täufer sagt, er „sah“ den Geist vom Himmel kommen und auf Jesus verbleiben. Aber *Matthäus* 11:2-3 zeigt, dass das erwähnte Schauspiel niemals stattfand. Wenn es wahr wäre, dass der Täufer ein solches Schauspiel sah, wie kann er dann noch andere zu Jesus entsenden, um nachzufragen, ob Jesus tatsächlich derjenige ist, der da kommen soll, oder ob sie auf jemand anderen warten sollen?

Offensichtlich fragt er, ob sie auf jemand anderen warten sollten, der ihm bisher noch nicht bekannt ist. Wenn es wahr wäre, dass der Täufer eine Taube beobachtet hatte, die vom Himmel gekommen und auf Jesus verblieben war, könnte er nicht fragen, ob sie auf jemand anderen warten sollten. Aber genau das ist seine Frage. Daher ist die Aussage, dass er einen Geist wie eine Taube vom Himmel kommen und auf Jesus verbleiben sah, zweifelhaft und falsch.

In Jesus gibt es keine Wahrheit

In *Johannes* 14:6 wird Jesus zitiert: „Ich bin der Weg und die Wahrheit und das Leben.“

Die Frage ist, ob im Sprechenden selbst irgendeine Wahrheit ist. Wenn es in Jesus Wahrhaftigkeit gibt, könnte seine Behauptung, dass er der Weg und das Leben ist, auch korrekt sein. Wenn es aber in Jesus keine Wahrhaftigkeit gibt, dann wird durch diese Tatsache die Äußerung vollständig widerlegt sein.

Betrachten wir nun einige Passagen im Neuen Testament, die zeigen werden, dass es in Jesus absolut keine Wahrhaftigkeit gibt.

Matthäus 17:10-13: „Und seine Jünger fragten ihn und sprachen: ‚Was sagen denn die Schriftgelehrten, Elia müsse zuvor kommen?‘ Jesus antwortete und sprach zu ihnen: ‚Elia soll ja zuvor kommen und alles zurechtbringen. Doch ich sage euch: Es ist Elia schon gekommen, und sie haben ihn nicht erkannt, sondern haben an ihm getan, was sie wollten. Also wird auch des Menschen Sohn leiden müssen von ihnen.‘ Da verstanden die Jünger, dass er von Johannes dem Täufer zu ihnen geredet hatte.“

Dass sich Jesus tatsächlich auf Johannes den Täufer bezog, wird darüber hinaus aus seinen Worten in *Matthäus* 11:12-15 klar: „Aber von den Tagen Johannes des Täufers bis hierher leidet das Himmelreich Gewalt, und die Gewalt tun, die reißen es an sich. Denn alle Propheten und das Gesetz haben geweissagt bis auf Johannes. Und (so ihr's wollt annehmen) er ist Elia, der da soll zukünftig sein. Wer Ohren hat, zu hören, der höre!"

Was sagt der Täufer selbst über seine Identität?

„Und dies ist das Zeugnis des Johannes, da die Juden sandten von Jerusalem Priester und Leviten, dass sie ihn fragten: ‚Wer bist du?' Und er bekannte und leugnete nicht; und er bekannte: ‚Ich bin nicht Christus.' Und sie fragten ihn: ‚Was denn? Bist du Elia?' Er sprach: ‚Ich bin's nicht.'" *(Johannes* 1:19-21).

Jesus sagt, Elia ist der Täufer Johannes. Aber der Täufer selbst sagt, er ist nicht Elia. Wer von den beiden sagt die Wahrheit? Sicherlich der Täufer. Er würde durch Lügen nichts gewinnen. Aber Jesus würde durch Lügen etwas gewinnen. Jesus verkündet, dass Elia kommen muss, bevor er alles wiederherstellt. Als Jesus den Täufer als Elia identifizierte, war der Täufer bereits getötet worden. Dies diente Jesus als günstige Gelegenheit, um über die Identität des Täufers zu lügen.

Die Entdeckung einer noch so kleinen Unwahrheit lässt sich nicht mit einer Person vereinbaren, die behauptet, der Weg, die Wahrheit und das Leben zu sein.

Daher wird klar, dass Jesus weder der Weg noch die Wahrheit noch das Leben ist.

Jesus war nicht eine leuchtende Persönlichkeit unter Übeltätern, sondern ein listiger Anhänger des Bösen, inmitten von gutmütigen Menschen.

In *Lukas* 22:36 fordert Jesus seine Anhänger auf, Schwerter für sich zu kaufen: "Wer kein Schwert besitzt, soll seinen Mantel verkaufen und sich eins beschaffen." Als sie ihm zwei Schwerter zeigen, die sie bereits hatten, antwortete er: „Es ist genug." *(Lukas* 22:38)

Später benutzt einer dieser Männer ein Schwert und verwundet einen Knecht, der kam, um Jesus zu fassen. Er sagte dann diesem Mann: „Stecke dein Schwert an seinen Ort! Denn wer das Schwert nimmt, der soll durchs Schwert umkommen." *(Matthäus* 26:52). Er wusste dies, wieso fordert er sie dann vorher auf, ihre Gewänder zu verkaufen, und Schwerter zu kaufen? Der

Grund, den er angibt ist, dass es geschrieben steht, dass er zu den Gesetzesbrechern gezählt werden soll. Wer sonst außer Gesetzesbrecher brauchen ein Schwert? Er drängt sie, das Schwert bereit zu halten. Wenn sie es benützen, greift er mit gegenteiligem Rat ein.

In *Johannes* 8:25 bitten ihn die Juden konkret, seine Identität zu enthüllen. „Da sprachen sie zu ihm: Wer bist du denn?" Anstatt eine Antwort zu geben, versucht Jesus der Frage mit der Bemerkung „Erstlich der, der ich mit euch rede." auszuweichen. Dann folgt ein Diskurs über seinen Vater.

Darauf antworteten ihm die Juden: „Da antworteten die Juden und sprachen zu ihm: Sagen wir nicht recht, dass du ein Samariter bist und hast den Teufel? Jesus antwortete: Ich habe keinen Teufel, sondern ich ehre meinen Vater, und ihr unehret mich." *(Johannes* 8:48-49)

Wenn ihm gesagt wird, dass er einen Teufel hat, sagt Jesus, dass er den Vater ehrt. Er sagt in Wahrheit, dass er keinen Teufel hat, wie sie arglos vermuten, sondern genauer, er den Teufel ehrt.

Matthäus 3:13-15 ist zu entnehmen, dass Jesus von Galiläa an den Jordan zu Johannes kam, um von ihm getauft zu werden. Johannes versucht ihn davon abzuhalten, indem er sagt, dass er derjenige wäre, der von Jesus getauft werden sollte. Jesus antwortete: „ Lass es jetzt also sein! Also gebührt es uns, alle Gerechtigkeit zu erfüllen.“ Daraufhin gehorcht Johannes Jesus. „Uns“ meint sowohl Sprecher als auch Hörer. Jesus sagt folglich, dass, falls er von Johannes getauft werden sollte, dann Johannes auch von ihm getauft werden sollte. Wenn Johannes von Jesus getauft werden sollte, sollte auch Jesus von Johannes getauft werden. Aber das ist genau das Gegenteil von Gerechtigkeit, oder die Umkehr der Gerechtigkeit. Kurz, Jesus behauptet, dass unsere Gerechtigkeit Ungerechtigkeit sei. Johannes war sofort einverstanden, ihn zu taufen, nachdem Jesus ihm diesen speziellen Modus von Gerechtigkeit erläutert hatte.

Dies ist die christliche Art der Gerechtigkeit. Die ganze Geschichte des Christentums ist eine Ausarbeitung dieser Art von Gerechtigkeit.

Jesus und Judas Ischariot

Markus 10:17-21 bezieht sich auf ein Treffen zwischen Jesus und einem gewissen Mann, der wissen wollte, wie er von Jesus das „ewige Leben“ bekommen könnte. Jesus sagt ihm: „Gehe hin, verkaufe alles, was du hast, und gib's den Armen … “

Aber der Grundsatz wird von Jesus selbst nicht beachtet. *Johannes* 12:3-5: „Da nahm Maria ein Pfund Salbe von ungefälschter, köstlicher Narde und salbte die Füße Jesu und trocknete mit ihrem Haar seine Füße; das Haus aber ward voll vom Geruch der Salbe. Da sprach seiner Jünger einer, Judas, Simons Sohn, Ischariot, der ihn hernach verriet: ‚Warum ist diese Salbe nicht verkauft um dreihundert Groschen und den Armen gegeben?‘“

Judas fühlt den Widerspruch zwischen Jesus Worten von dem früheren Treffen und dem Unterlassen einer Gelegenheit, eine große Summe Geld für die Armen zu sparen. Daher wendet er sich an die Hohepriester und bietet an, ihnen zu zeigen, wo Jesus war. Das ist kein Verrat. Es ist die natürliche Reaktion auf seine persönliche Feststellung, dass Jesus ein Hochstapler war.

Nebenbei, Judas beging nie Selbstmord, wie oft behauptet wird. Auch fühlte er niemals Reue wegen seiner Handlung.

Die Bibel selbst liefert zwei unterschiedliche Berichte im Neuen Testament.

Nach *Matthäus* 27:5 hängte Judas sich selber aus Kummer auf, nachdem er im Tempel das Geld wegwarf, das er für seine Handlung bekommen hatte. Die Priester kauften dafür ein Stück Land für Begräbnisse. Aber nach der *Apostelgeschichte* 1:18 kaufte Judas mit dem Geld ehrlich ein Stück Land und verstarb später bei einem Unfall.

Das Ende der Welt ist eine Lüge

Über sein Thema des Endes der Welt sagte Jesus in *Matthäus* 24:36: „Niemand weiß, wann das Ende kommen wird, weder die Engel im Himmel noch der Sohn. Den Tag und die Stunde kennt nur der Vater."

Jesus gibt hier zu, dass er nicht weiß, wann die Welt endet. Aber seine Worte in *Matthäus* 24:44 sind widersprüchlich: „Darum seid ihr auch bereit; denn des Menschen Sohn wird kommen zu einer Stunde, da ihr's nicht meinet." Wenn er sagt, dass er nicht weiß, wann das Ereignis stattfindet, wie kann er auch sagen, dass es zu einer Stunde stattfinden wird, da es niemand erwartet? Da nicht beide Aussagen richtig sein können, lügt Jesus offenbar in beiden Fällen.

Außerdem sagt Jesus in *Johannes* 10:30, dass er und sein Vater eins seien. Wenn das der Fall ist, sollte er alles wissen, was sein Vater weiß. Wie kann er dann sagen, dass Tag und Stunde des Endes der Welt nur seinem Vater, nicht aber ihm bekannt sind? Was Jesus in *Matthäus* 24:36 ausführt, widerspricht dem, was er in *Johannes* 10:30 sagt. Selbstwiderspruch ist das Kennzeichen von Falschheit.

Da in Jesus keine Wahrheit ist und da er von Anfang an als Luzifer existiert hat *(Offenbarung* 22:13: „Ich bin das A und das O, der Anfang und das Ende, der Erste und der Letzte."), finden die Worte von Jesus in *Johannes* 8:44 in Bezug auf Luzifer als höchsten Teufel („denn er ist ein Lügner und ein Vater derselben.") ihre Bedeutung in Jesus und nur in Jesus.

Jesus Königreich des Himmels ist die Hölle

Einer der fundamentalen Glaubenssätze des Christentums ist die Verheißung des Himmels für jene, die an Jesus, den sogenannten einen und einzigen Sohn von Gott, glauben, und die Androhung der Hölle für jene, die das nicht glauben.

Jesus sagt: „Tut Buße, das Himmelreich ist nahe herbeigekommen!“ *(Matthäus* 4:17) Aber ist es wirklich der Himmel, den Jesus mit diesem Begriff meint?

Von den beiden anderen, die zusammen mit Jesus hingerichtet wurden, bezeugte einer seinen Glauben an Jesus. Und Jesus sprach zu ihm: „Wahrlich ich sage dir: Heute wirst du mit mir im Paradiese sein.“ *(Lukas* 23:43)

Aber dies ist, was Jesus über seinen eigenen Aufenthaltsort nach seinem Tod bekannt gibt: „Also wird des Menschen Sohn drei Tage und drei Nächte mitten in der Erde sein“ *(Matthäus* 12:40), d.h. in der Hölle.

Nur einige Augenblicke, nachdem er dem Gläubigen sagte, er würde mit ihm am gleichen Tag im Paradies sein, verstarben beide. Jesus, der sich in die Tiefen der Erde oder in die Hölle begab, tauchte erst am dritten Tag auf der Erde auf. Also bezeichnet Jesus die Hölle als Paradies. Dies ist es, was Jesus wirklich sagt: „Heute wirst du mit mir in der Hölle sein.“

Hier ein weiterer Beweis, dass Jesus, der sogenannte Sohn Gottes, lügt, sogar noch kurz bevor er am Kreuz seinen Körper verlor: “Jesus war auf dem Weg nach Jerusalem. Da rief er einmal die zwölf Jünger allein zu sich und sagte zu ihnen: ‚Hört zu! Wir gehen nach Jerusalem. Dort wird der Menschensohn nach dem Willen Gottes an die führenden Priester und die Gesetzeslehrer ausgeliefert werden. Sie werden ihn zum Tod verurteilen und den Fremden übergeben, die Gott nicht kennen, damit sie ihren Spott mit ihm treiben, ihn auspeitschen und ans Kreuz nageln. **Doch am dritten Tag wird er vom Tod auferweckt werden**.“ *(Matthäus* 20: 17-19)

Jesus sagte, er wird erst am dritten Tag von den Toten auferweckt werden. Wie kann er dann am Freitagabend mit seinem gekreuzigten Nachbarn schon ins Paradies reisen?

Obwohl Jesus sagte, er werde nach der Kreuzigung drei Tage und drei Nächte in der Tiefe der Erde verbringen, wurde er am Sonntagmorgen auf der Erde gesehen. Wenn er sofort, nachdem sein Körper am Freitagabend in die Höhle gelegt worden war, in die Tiefe der Erde abgestiegen wäre und am Sonntagmorgen wieder auf der Erde erschienen wäre, hiesse das, dass er nur eine und eine halbe Nacht (die halbe Freitagnacht und die ganze Samstagnacht) und einen Tag (Samstag) in der Tiefe der Erde verbracht hätte. Er blieb also nicht drei Tage und drei Nächte in der Tiefe der Erde, wie er gegenüber den Juden geprahlt hatte.

Wie kann ein solcher Lügner die Verkörperung der Wahrheit sein?

In *Johannes* 21:15-18 stellte Jesus Petrus dreimal die gleiche Frage. Die Frage: „Hast du mich lieb?“ Jedes Mal antwortet Petrus bejahend. Übrigens hatte Petrus Jesus dreimal verleugnet. Deshalb lässt ihn Jesus dreimal widerrufen.

Beim dritten Mal sagte Jesus zu ihm: „Wahrlich, wahrlich ich sage dir: Da du jünger warst, gürtetest du dich selbst und wandeltest, wohin du wolltest; wenn du aber alt wirst, wirst du deine Hände ausstrecken, und ein anderer wird dich gürten und führen, wohin du nicht willst.“ *(Johannes* 21:18) Der Himmel ist, wo Petrus hin wollte. Die Hölle ist, wo Petrus nicht hin will!

Diese Aussage von Jesus widerspricht sich selbst, da er sagt: „Da du jünger warst“—das meint, Petrus ist nicht jung zu dieser Zeit, aber dann sagte er: „Wenn du aber alt wirst”, was bedeutet, dass Petrus noch jung ist.

Wenn Jesus in *Johannes* 21:18 sagt: „ein anderer wird dich gürten und führen, wohin du nicht willst“, sagt er indirekt in so vielen Worten, dass sein Himmelreich in Wahrheit die Hölle ist.

Weil der Ort, an den Petrus gehen will, der Himmel ist, ist die einzige Möglichkeit, dorthin zu kommen, Jesus uneingeschränkt zu folgen. Petrus macht genau das. Aber was sagt Jesus? Du wirst zum Ort geleitet werden, an den du nicht gehen willst, nämlich in die Hölle.

Ich erwähne noch einige weitere Lügen von Jesus, bevor ich dieses Kapitel beende.

Die Nacht bevor er gekreuzigt wurde, sagte Jesus zum Hohepriester in *Lukas* 22:52-53 „Dann wandte er sich an die führenden Priester, die Hauptleute der Tempelwache und die Ratsältesten, die ihn festnehmen wollten: „Warum rückt ihr hier mit Schwertern und Knüppeln an; bin ich denn ein Verbrecher? Täglich war ich bei euch im Tempel und ihr seid nicht gegen mich vorgegangen. Aber jetzt ist eure Stunde gekommen. Jetzt haben die dunklen Mächte Gewalt über mich."

Die Wahrheit ist, dass die Juden oftmals versuchten, gegen Jesus vorzugehen, während er in ihrer Synagoge predigte. Er aber schlich sich jedes Mal weg, wenn sie versuchten, ihn anzuhalten. In der Tat geschah es am allerersten Tag seines Predigens, erwähnt in *Lukas* 4:28-30: „Und alle, die in der Synagoge waren, wurden von Zorn erfüllt, als sie das hörten. Und sie standen auf und stießen ihn zur Stadt hinaus und führten ihn an den Abhang des Berges, auf dem ihre Stadt gebaut war, um ihn hinabzustürzen. Aber er ging mitten durch sie hinweg."

In *Johannes* 8:59 wird ein anderer Vorfall erwähnt, bei dem Jesus, der sogenannte „Löwe von Judah", sich in Furcht vor einer Festnahme verbergen musste: „Da hoben sie Steine auf, um sie auf ihn zu werfen. Aber Jesus verbarg sich und ging zum Tempel hinaus."

Und wieder ein Beispiel im Text von *Johannes* 10:39: „Da suchten sie abermals, ihn zu ergreifen. Aber er entging ihren Händen."

Jedes Mal entkam er ihrem Zugriff, aber als er dann endgültig festgenommen wurde, sagte er nach *Lukas* 22:53: „Täglich war ich bei euch im Tempel und ihr seid nicht gegen mich vorgegangen."

Wenn jemand behauptet, er sei die Verkörperung der Wahrheit und er macht wiederholt widersprüchliche Aussagen, so kann diese Behauptung nicht als Wahrheit akzeptiert werden, weil Widersprüche ein Zeichen der Lüge sind. Weiter unten sind einige dieser widersprüchlichen Aussagen von Jesus aufgeführt. Die armen jüdischen Fischer erkannten dies sicher nicht, weil sie in ihrem Glauben in Jesus blind waren.

Die alte Schlange ist nicht der Teufel

Jesus spricht über den Teufel in *Johannes* 8:44 „Ihr seid von dem Vater, dem Teufel, und nach eures Vaters Lust wollt ihr tun. Der ist ein Mörder von Anfang und ist nicht bestanden in der Wahrheit; denn die Wahrheit ist nicht in ihm."

Die Bibel sagt „Er ist die alte Schlange, die auch Teufel oder Satan genannt wird" *(Offenbarung* 12:9)

Die Schlange sagte zu Eva, dass ihre Augen geöffnet würden, wenn sie die Frucht des Wissens hatten und sobald sie die Frucht des Wissens hatten, sagt die Bibel: „Da wurden ihnen beiden die Augen aufgetan" *(1.Mose* 3:7).

Die alte Schlange ist der Satan und es ist keine Wahrheit in ihm, behauptet die Bibel und Jesus. Weil man in den Worten der Schlange Wahrheit findet, kann die Schlange nicht der Teufel sein. Dies zeigt die *Offenbarung* 12:9 täuscht den Menschen mit einer Lüge.

Noch mehr Lügen von Jesus:

„Und Jesus sprach: Zum Gericht bin ich in diese Welt gekommen.“ *(Johannes* 9:39)

„ … ich bin nicht gekommen, auf dass ich die Welt richte … “ *(Johannes* 12:47)

„Wenn ich von mir selbst zeuge, so ist mein Zeugnis nicht wahr.“ *(Johannes* 5:31)

„Ich bin es, der von mir selbst zeugt.“ *(Johannes* 8:18)

„Denn Arme habt ihr allezeit bei euch; mich aber habt ihr nicht allezeit“ *(Johannes* 12:8)

„ … ich bin bei euch alle Tage bis an der Welt Ende.“ *(Matthäus* 28:20)

„ … ehre deinen Vater und deine Mutter.“ *(Lukas* 18:20)

„Wenn jemand zu mir kommt und hasst nicht seinen Vater und seine Mutter und sein Weib und seine Kinder und seine Brüder und Schwestern, dazu aber auch sein eigenes Leben, so kann er nicht mein Jünger sein.“ *(Lukas* 14:26)

Und zuletzt *Lukas* 6:27, von welchem gesagt wird, dass es das Christentum von den anderen Religionen hervorhebt. Jesus sagt hier: „Aber ich sage euch, die ihr zuhört: Liebet eure Feinde; tut denen wohl, die euch hassen." Aber der gleiche Jesus sagt genau das Gegenteil in *Lukas* 19:27: „Doch jene meine Feinde, die nicht wollten, dass ich über sie herrschen sollte, bringet her und erwürget sie vor mir."

Eine Person, die seine eigenen Feinde zielsicher vernichten will, hat kein Recht, anderen zu sagen, sie sollen ihre Feinde lieben. Dies ist die Grundlage der Rebellion.

Helen Ellerbe sagt in ihrem Buch *"The Dark Side of Christian History" / „Die dunkle Seite der Geschichte des Christentums"* den Papst betreffend: Der Fall der Stadt Konstantinopel war eine Strafe dafür, dass sie sich nicht der katholischen Kirche unterworfen hatte. Bibelpassagen unterstützten diese Haltung:" „Doch jene meine Feinde die nicht wollten, dass ich über sie herrschen sollte, bringet sie her und erwürget sie vor mir"

Alle wirklichkeitsnahen Beobachtungen seines wahren Königreiches versucht Jesus bereits im Keim zu ersticken. Sehen Sie hier, die listige Art seiner Worte in *Lukas* 18:17: „Wahrlich ich sage euch: Wer nicht das Reich Gottes annimmt wie ein Kind, der wird nicht hineinkommen."

Jesus spielt hier nicht auf die Unschuld der Kinder an, sondern vielmehr auf ihren Mangel an Urteilsvermögen. Seine wirkliche Aussage besteht darin, dass man nicht in sein Himmelreich eingehen kann, wenn man ihn nicht fraglos akzeptiert.

Wenn Jesus sagt, kleine Kinder sind bestens dazu geeignet in den Himmel zu gelangen, sagt er damit auch unwissentlich, dass der Mensch nicht von Natur aus ein Sünder ist. Sehen Sie hier den Widerspruch in *Markus* 7:14-15: „Und er rief das Volk wieder zu sich und sprach zu ihnen: Hört mir alle zu und begreift's! Es gibt nichts, was von außen in den Menschen hineingeht, das ihn unrein machen könnte; sondern was aus dem Menschen herauskommt, das ist's, was den Menschen unrein macht."

Mit dieser Aussage kann man unmöglich übereinstimmen. Denn, nicht das, was aus dem Menschen herauskommt verdirbt ihn, sondern das, was von außen in ihn hinein dringt. Jesus sagt aber das Gegenteil, um die Menschen zu verunglimpfen, und damit erzeugt er in ihm den Keim der Schuld. Sogar in der christlichen Theologie gilt diese Aussage als falsch. Diese sagt nämlich, dass Adam von außen durch die als aufmüpfig bezeichnete Schlange korrumpiert worden ist.

Jesus attackiert die Menschen durch eine neue, von Natur aus üble Sprechweise, welche er durch die Transformation, die Maria ihm ermöglichte, erworben hatte. Dieser Sprechweise bewusst, sagte er immer wieder, dass die Menschen verstehen sollen, was er sagt.

Jesus erzählte noch viele weitere Lügen. Aber wollte man das alles aufschreiben—mir scheint, es wäre wohl auf der ganzen Welt nicht genügend Platz für die vielen Bücher, die dann noch geschrieben werden müssten.

Die Wunder

Gewisse „Wunder“ werden Jesus zugeschrieben, das auffälligste darunter ist das Wiedererwecken von zwei angeblich toten Menschen. Nach dem Neuen Testament erweckte er die Tochter eines Jairus wieder zum Leben. Dies ist von der Wahrheit aber weit entfernt. Die Beschreibung ihres Todes findet sich in *Matthäus* 9:18. Demzufolge näherte sich einer der Obersten der Synagoge Jesus und sagte ihm: „Meine Tochter ist jetzt gestorben.“ Der Mann bat Jesus, ihn zu begleiten und das Mädchen wieder zum Leben zu erwecken. Dasselbe Zusammentreffen kommt in *Lukas* 8:40-42 vor. Jairus‘ Aussage lautet hier wesentlich anders als in *Matthäus*. Er sagt hier: „Die [Tochter] lag in den letzten Zügen.“

Nach Matthäus war das Mädchen schon tot, als Jairus Jesus traf. Aber nach Lukas war sie in dem Moment noch am Leben. Nach den Christen sind beide Berichte wahr, und das ist das echte Wunder!

Das am meisten herausragende „Wunder“ von Jesus ist die Auferstehung des Lazarus. Johannes ist der Einzige, der davon Notiz nimmt; das Thema wird von den anderen drei ausgelassen. *Jo-*

hannes 10:39 bis 11:44 handelt nur davon. „Sie suchten abermals ihn zu greifen; aber er entging ihnen aus ihren Händen." Das passierte in Jerusalem. Von dort floh Jesus an den Ort, wo Johannes zuerst taufte. (*Johannes* 10:39-40)

Während er dort war, sandten die Schwestern eines Mannes namens Lazarus, der in Bethanien lebte, Jesus eine Mitteilung, dass „den du liebhast, der liegt krank". Jesus sagte vorausschauend: „Die Krankheit ist nicht zum Tode, sondern zur Ehre Gottes, dass der Sohn Gottes dadurch geehrt werde." (*Johannes* 11:4)

Jesus verbleibt zwei Tage in seinem Versteck. Nebenbei: Wenn er sich auch nur im Mindesten um Lazarus sorgen würde, wäre er sofort losgegangen, um ihm zu helfen. Nach zwei Tagen sagt er plötzlich zu seinen Jüngern: „Lasst uns wieder nach Judäa ziehen!" (*Johannes* 11:7)

Wenn diese Aussage wahr wäre, müsste Jesu Versteck außerhalb von Judäa liegen.

Johannes 11:17-19 sagt: „Da kam Jesus und fand ihn, dass er schon vier Tage im Grabe gelegen hatte. Bethanien aber war nahe bei Jerusalem, bei fünfzehn Feld Weges (ca. drei Kilometer); und viele Juden waren zu Martha und Maria gekommen, sie zu trösten über ihren Bruder."

Jesus machte sich zu Lazarus‘ Heim in Bethanien auf, zwei Tage, nachdem er über seine Krankheit unterrichtet wurde. Als er dort ankam, lag Lazarus schon seit vier Tagen begraben. Selbst wenn Lazarus zur gleichen Zeit verstorben wäre, als Jesus von seiner Krankheit unterrichtet wurde, brauchte Jesus zwei Tage und einige wenige zusätzliche Stunden, um sein Heim in Bethanien zu erreichen, ausgehend von dem Ort, an dem der Täufer jenseits des Jordan zu taufen begann.

Was bleibt, ist die Identität des Ortes, an dem der Täufer zu taufen begann. Zweifellos hat sich Jesus von dort nach Bethanien aufgemacht. Wenn die Behauptung von Jesus wahr wäre, müsste Bethanien mehr als zwei Tagreisen zu Fuß von dem Ort, an dem Johannes zu taufen begann, entfernt liegen. Die Distanz zwischen den zwei Orten ist ein wesentliches Glied in der Kette der Ereignisse, die zur behaupteten Wiedererweckung führten.

Um herauszufinden, wie der Ort hieß, wurden die Bücher von Matthäus, Markus und Lukas untersucht, da angenommen wurde, dass Johannes den Namen des Ortes aus Mangel an Information seinerseits nicht angeben konnte. Aber der Ort wird in jenen Büchern nicht erwähnt. Der Name wurde dort nicht gefunden, da er in Johannes' Buch selbst steht. *Johannes* 1:28: „Dieses Gespräch führten sie in Bethanien, einem Dorf östlich des Jordan, wo Johannes taufte.“

Tatsache ist, dass die plötzliche Entscheidung in Bethanien selbst getroffen wurde, an demselben Ort, an dem Lazarus wohnte. In Wirklichkeit wird uns von den mit Lügen erfüllten christlichen Schriften berichtet, dass Jesus mehr als zwei Tage zu Fuß brauchte, um Bethanien von Bethanien aus zu erreichen!

Die Auferstehung von Lazarus erweist sich daher als unehrlich. Wenn Lazarus krank wurde und wenn er starb, befand sich Jesus genau dort, im gleichen Dorf, nämlich in Bethanien. Dass Jesus am vierten Tage nach dem Begräbnis ankam, ist unwahr.

Johannes 11:43-44: „Da er das gesagt hatte, rief er mit lauter Stimme: Lazarus, komm heraus! Und der Verstorbene kam heraus, gebunden mit Grabtüchern an Füßen und Händen und sein Angesicht verhüllt mit dem Schweißtuch. Jesus spricht zu ihnen: ‚Löset ihn auf und lasset ihn gehen!‘“

Es ist unmöglich für einen Mann, der in einer Höhle begraben liegt, derart an Händen und Füßen gebunden und mit verhülltem Gesicht, dort herauszukommen!

Ein weiteres Wunder, das Jesus zugeschrieben wird, ist das Laufen über das Meer. Aber *Matthäus* 14:22-33 zusammen mit *Johannes* 6:16-22 zeigen auch die Verlogenheit dieser Behauptung.

Dem Bericht von Matthäus zufolge fand das angebliche Laufen auf dem Meer nach der sogenannten Speisung der 5000 statt. Die Jünger waren mit dem Boot unterwegs, Jesus selbst aber blieb zurück. Das Boot war mitten im Meer, als sich der Wind gegen sie drehte. Dann kam Jesus zu ihnen, auf dem Wasser laufend.

Die Jünger wurden von Jesus von dem Ort ausgesandt, wo die angebliche wundersame Speisung der 5000 von ihm ausgeführt wurde. Der Ort wird in *Lukas* 9:10 sogar beim Namen genannt: „Und die Apostel kamen wieder und erzählten ihm, wie große Dinge sie getan hatten. Und er nahm sie zu sich und entwich besonders in eine Wüste bei der Stadt, die da heißt Bethsaida."

Genau in Bethsaida vollbrachte Jesus das angebliche Wunder. Der Ort, zu dem die Jünger unmittelbar danach gesandt wurden, wird auch beim Namen genannt. Das geschieht in *Markus* 6:45: „Und alsbald trieb er seine Jünger, dass sie in das

Schiff träten und vor ihm hinüberführen gen Bethsaida, bis dass er das Volk von sich ließe."

Die angebliche Reise, in deren Verlauf Jesus den berühmten Gang über das Meer machte, war von Bethsaida nach Bethsaida! Das ist genau, wie sein tagelanger Marsch von Bethanien nach Bethanien, um das angebliche Wunder der Auferstehung des toten Lazarus zu vollbringen.

Die sogenannte Speisung von 5000 Männern, mit Frauen und Kindern zusammen etwa 15000 Münder, fand nach *Lukas* 9:10 in Bethsaida statt. Nach Markus war der Ort ein anderer. Denn *Markus* sagt in 6:45: „Und alsbald trieb er seine Jünger, dass sie in das Schiff träten und vor ihm hinüberführen gen Bethsaida"! Es gibt also zwei widersprüchliche Versionen des fraglichen Ortes des angeblichen Wunders: eine besagt, dass es in Bethsaida ausgeführt wurde, die andere sagt mit gleicher Autorität, dass es nach dem „Wunder" war, als sich Jesus nach Bethanien aufmachte.

Lukas lässt sogar Folgerichtigkeit vermissen. Er sagt in 9:10, dass das Wunder in einer Stadt, „die da heißt Bethsaida", ausgeführt wurde. Aber in 9:12 beschreibt Lukas dieselbe Stadt als „eine einsame Gegend".

Lukas 9:16-17: „Da nahm er die fünf Brote und zwei Fische und sah auf gen Himmel und dankte darüber, brach sie und gab sie den Jüngern, dass sie dem Volk vorlegten. Und sie aßen und wurden alle satt; und wurden aufgehoben, was ihnen übrigblieb von Brocken, zwölf Körbe."

Es ist nicht so, dass Jesus die Laibe und Fische vermehrte. Er teilte sie nur. Denn es ist geschrieben, dass Brocken übrigblieben, nicht ganze Laibe oder Fische. Es ist unmöglich, fünf Laibe und Fische zu teilen, um genug Brocken zu bekommen, um zwölf Körbe zu füllen. Außerdem, wie kann Lukas sicher sein, dass er zum Himmel blickte? Anstatt zu sagen, dass Jesus nach oben blickte, sagt Lukas, er blickte zum Himmel.

Die Bibel behauptet, dass Jesus viele Wunder vollbracht hat. Ohne die Mitarbeit und die zeitweilige Hilfe von Dämonen wäre es Jesus nicht gelungen, diese sogenannten Wunder zu vollbringen.

Lasst mich mit jenem von Lukas erwähnten Wunder beginnen *(Lukas* 8:26-32): „Und sie schifften fort in die Gegend der Gadarener, welche ist Galiläa gegenüber. Und als er austrat auf das Land, begegnete ihm ein Mann aus der Stadt, der hatte Teufel von langer Zeit her und tat keine

Kleider an und blieb in keinem Hause, sondern in den Gräbern. Da er aber Jesu sah, schrie er und fiel vor ihm nieder und rief laut und sprach: Was habe ich mit dir zu schaffen, Jesu, du Sohn Gottes, des Allerhöchsten? Ich bitte dich, du wollest mich nicht quälen. Denn er gebot dem unsauberen Geist, dass er von dem Menschen ausführe. Denn er hatte ihn lange Zeit geplagt, und er ward mit Ketten gebunden und mit Fesseln gefangen, und zerriss die Bande und ward getrieben von dem Teufel in die Wüsten. Und Jesus fragte ihn und sprach: ‚Wie heißest du?' Er sprach: ‚Legion'; denn es waren viel Teufel in ihn gefahren. Und sie baten ihn, dass er sie nicht hieße, in die Tiefe zu fahren. Es war aber daselbst eine große Herde Säue auf der Weide auf dem Berge. Und sie baten ihn, dass er ihnen erlaubte, in sie zu fahren. Und er erlaubte es ihnen."

Der von Dämonen besessene Mann lebte in Gräbern. Jesus war noch auf dem Wasser, er hat gerade das Boot verlassen. Aber als Jesus das Boot verlassen hatte, war der Dämon schon vor ihm. Als Jesus also im Boot unterwegs war, reiste der Dämon von seinem Grab zur Küste. Der Dämon wusste genau, wann und wo er Jesus treffen würde.

Die allererste Erklärung, die vom Oberhaupt der Dämonen kam, war: „Was habe ich mit dir zu tun Jesus, Sohn des Höchsten Gottes?" Wenn der Dämon gewusst hätte, dass er mit Jesus nichts zu tun hätte, warum ging er zuerst zu Jesus? Er kam nicht, um zu fragen, was er mit Jesus zu tun hätte, stattdessen nannte er Jesus vor den Jüngern „Sohn des Höchsten Gottes". Er wollte, dass die Jünger glaubten, dass Jesus wirklich der Sohn des Höchsten Gottes war.

Der Dämon sagte auch: „Ich bitte dich, plage mich nicht!" Wenn der Dämon solche Angst hatte, dass Jesus ihn plagen könnte, warum wollte er dann Jesus treffen? Das zeigt, dass der eigentliche Grund für die Eile des Dämons, Jesus zu treffen, nicht der war, dass er Angst vor Jesus hatte, sondern weil er vor den Jüngern Jesu ein Drama inszenieren lassen wollte.

Jesus befahl dem unreinen Geist, den Mann zu verlassen. Wenn dies wahr wäre, warum hat dieser Teufel dem Befehl seines Meisters nicht gehorcht? Warum ist er so eigensinnig, dass er den Mann nur vor den Jüngern Jesu verlassen wollte?

Die Bibel behauptet, dass Jesus dem Dämon gesagt hat, er soll den Mann verlassen. Aber die Bibel sagt auch, dass Jesus den Namen des Dämons, zu welchem er sprach, nicht kannte. Er wusste auch nicht, von wie vielen Dämonen der Mann besessen war. Denn die Bibel sagt, dass Jesus ihn fragte „Was ist dein Name?“ Der Dämon antwortete: „Legion.“ (Legion wird nach *Merriam Webster's* definiert als eine sehr große Anzahl). Wie wir wissen, ist Legion kein richtiger Name, der Dämon konnte also die Frage von Jesus nicht richtig beantworten. Durch seine Antwort weiß Jesus, dass er nicht alleine ist.

Wieso wusste Jesus nicht, dass der Mann von vielen Teufeln besessen war? Jesus kannte den Namen des Teufels, mit dem er sprach, nicht, aber der Teufel wusste mit wem er sprach, denn er sagte: „Jesus, Sohn des Höchsten Gottes“.

Warum baten die Dämonen Jesus um Erlaubnis, in die Schweineherde einzudringen? Wenn sie eine Erlaubnis brauchen, um von jemandem Besitz zu ergreifen, so hätten sie den Mann in der Geschichte mit dem Wissen von Jesus heimgesucht. Wie auch immer, er gab die Erlaubnis sofort und die Dämonen drangen in die Schweine ein und töteten sie alle.

Dieses Töten einer großen Anzahl von Schweinen war etwas, was von Jesus hätte verhindert werden können. Aber Jesus schien die Dämonen den

Schweinen vorzuziehen. Es kann dafür mehrere Gründe geben. Zum Beispiel könnte es sein, dass die Dämonen nur vorgetäuscht haben, dass sie Jesu Erlaubnis brauchen, um in Tiere zu fahren, sodass die Jünger, die dies alles gesehen hatten, noch größeren Glauben in Jesus hatten. Wenn dies der Fall wäre, dann könnte Jesus die Bitte der Dämonen nicht abschlagen—und zwar deswegen (auch wenn er die Erlaubnis abschlagen würde), weil sie doch in die Schweine eingedrungen wären und seine Antwort ignoriert hätten. So wären die Jünger Zeugen von Jesu Niederlage geworden und dies hätte ihren Glauben an Jesus geschwächt.

Deshalb war Jesus sofort mit ihrer Bitte einverstanden, was im Gegenzug den Jüngern das Bild von Jesus vermittelte, das nicht einmal die Dämonen ohne die Erlaubnis von Jesus etwas tun konnten.

Die Geschichte geht weiter mit: „Verstört flohen die Hirten in die Stadt und in die umliegenden Dörfer und berichteten, was sich ereignet hatte. Von überall her kamen die Leute gelaufen, um sich selbst zu überzeugen. Sie sahen den Mann, den Jesus gerade von den Dämonen befreit hatte. Er war ordentlich angezogen und saß ganz ruhig neben Jesus. Da wurde ihnen unheimlich zumute.

Diejenigen aber, die alles mit angesehen hatten, erzählten, wie der besessene Mann von Jesus geheilt worden war. Daraufhin baten die Leute aus Gadara Jesus, er möge ihre Gegend doch wieder verlassen, denn sie fürchteten sich sehr. Jesus stieg in das Boot, um zurückzufahren. Der geheilte Mann bat darum, bei ihm bleiben zu dürfen. Aber Jesus beauftragte ihn: ‚Geh nach Hause und berichte, welch großes Wunder Gott an dir getan hat.' Da ging der Mann und erzählte in der ganzen Stadt, was für ein Wunder Jesus an ihm getan hatte." *(Lukas* 8:34-39)

Am Ende des Dramas von Jesus und seinen Teufel-Freunden versammelten sich die Leute an einem Ort und sagten zu Jesus, er solle ihr Land verlassen. Nun bat den Mann, der besessen gewesen war, Jesus, ob er ihm folgen dürfe. Aber Jesus wies diese Bitte zurück. Als er so handelte, widersprach er sich: „Als Jesus weitergehen wollte, lief ein Mann auf ihn zu, warf sich vor ihm auf die Knie und fragte: ‚Guter Lehrer, was muss ich tun, um das ewige Leben zu bekommen?' Jesus entgegnete: ‚Weshalb nennst du mich gut? Es gibt nur einen, der gut ist, und das ist Gott. Du kennst doch seine Gebote: Du sollst nicht töten! Du sollst nicht die Ehe brechen! Du sollst nicht stehlen! Sag nichts Unwahres über deinen Mitmenschen! Du sollst nicht betrügen! Ehre deinen Vater und deine Mutter!‘ ‚Lehrer‘, antwortete der junge Mann, ‚an diese Gebote habe ich mich von Jugend an gehalten.‘ Jesus sah ihn voller Liebe an: ‚ Etwas fehlt dir noch: Verkaufe alles, was du hast, und gib das Geld den Armen. Damit wirst du im Himmel einen Reichtum gewinnen, der niemals verloren geht. Und dann komm und folge mir nach!‘“ *(Markus* 10:17-21)

Diesem Vers entsprechend sollte derjenige, der ewiges Leben erreichen möchte, vor allem Jesus folgen.

Dies wird bei *Matthäus* bestätigt: „Einer, der zu seinen Jüngern gehörte, bat Jesus: ‚Herr, ich will erst noch meinen Vater bestatten, aber dann möchte ich mit dir ziehen.‘ Doch Jesus erwiderte: ‚Komm jetzt mit mir, und überlass es den Toten, ihre Toten zu begraben! ‘“ (8:21-22)

Entsprechend diesen oben genannten Versen sollte ein Mann, der den toten Körper seines Vaters bestatten will, dies nicht tun, sondern Jesus folgen. Warum ließ dann Jesus diesen anderen Mann ihm nicht folgen, obwohl er darum bat? Dies geschah einfach darum, weil die Leute Jesus gesagt hatten, er soll die Stadt verlassen. Jesus verweigerte diesem Mann nicht nur seine Bitte, er sagte ihm auch, was er zu tun hatte: „„ Geh nach Hause und berichte, welch großes Wunder Gott an dir getan hat. ‘ Da ging der Mann und erzählte in der ganzen Stadt, was für ein Wunder Jesus an ihm getan hatte.“

Als Jesus ihm sagte, dass er nach Hause gehen sollte, um zu erzählen, welche großen Dinge Gott für ihn gemacht hat, verbreitete er im ganzen Land die Kunde von Jesu Tat. Deshalb verweigerte Jesus ihm die Weggemeinschaft, obwohl er um diese gebeten hatte. Jesus sagte nur: „Geh nach Hause und berichte, welch großes Wunder Gott an dir getan hat.“ Wenn ein Mann geheilt worden war, nachdem er seit Jahren von Dämonen besessen und gequält wurde, würde er sicher nach Hause gehen und seinen Verwandten davon erzählen.

Er wusste, dass dieser Befehl ihn in der ganzen Region berühmt machen würde, und das war genau das, was Jesus wollte.

Zudem fällt auf, dass die meisten dieser Wunder nach Sonnenuntergang geschahen „Am Abend, als die Sonne untergegangen war, brachte man viele Kranke und von Dämonen beherrschte Menschen herbei. Fast alle Bewohner der Stadt versammelten sich vor Simons Haus. Jesus heilte viele von ihren Krankheiten und zwang die Dämonen, ihre Opfer frei zu geben. Dabei verbot er den bösen Geistern, von ihm zu reden, denn sie wussten genau, wer er war.“ *(Markus* 1:32-34)

Brachten sie Kranke oder vom Dämon Besessene, die krank erschienen? Das ist in *Markus* nicht klar, aber das gleiche Ereignis, dargestellt in *Matthäus,* beseitigt diesen Zweifel: „Am selben Abend brachte man viele von Dämonen beherrschte Menschen zu Jesus. Er brauchte nur ein Wort zu sagen, und die Besessenen wurden frei und alle Kranken geheilt.“ (8:16) Es waren von verschiedenen Dämonen besessene Menschen, die den anderen krank erschienen. Deshalb ließ Jesus die Dämonen aus ihnen mit einem einzigen Wort („Geh!“) fahren—die Dämonen verschwanden und alle, welche krank erschienen, wurden normal.

Lasst uns ein ähnliches Wunder, das der einzige und alleinige Sohn Gottes vollbracht hat, betrachten. Von diesem wird in *Matthäus* erzählt: „Und als er in das Haus des Vorstehers kam und sah die Flötenspieler und das Getümmel des Volkes, sprach er: ‚Geht hinaus! Denn das Mädchen ist nicht tot, sondern es schläft. ‘ Und sie verlachten ihn. Als aber das Volk hinausgetrieben war, ging er hinein und ergriff sie bei der Hand. Da stand das Mädchen auf. Und diese Kunde erscholl durch dieses ganze Land. Und als Jesus von dort weiterging, folgten ihm zwei Blinde, die schrien: Ach, du Sohn Davids, erbarme dich unser! Und als er heimkam, traten die Blinden zu ihm. Und Jesus sprach zu ihnen: Glaubt ihr, daß ich das tun kann? Da sprachen sie zu ihm: Ja, Herr. Da berührte er ihre Augen und sprach: Euch geschehe nach eurem Glauben! Und ihre Augen wurden geöffnet. Und Jesus drohte ihnen und sprach: Seht zu, daß es niemand erfahre! Aber sie gingen hinaus und verbreiteten die Kunde von ihm in diesem ganzen Lande. Als diese nun hinausgegangen waren, siehe, da brachten sie zu ihm einen Menschen, der war stumm und besessen. Als aber der böse Geist ausgetrieben war, redete der Stumme. Und das Volk verwunderte sich und sprach: So etwas ist noch nie in Israel gesehen worden.“ (9:23-33)

Was gewinnt ein Dämon, wenn er einen Mann schweigend macht? Die einzige Person, die von dieser Aktion des Dämons profitiert, ist Jesus. Weil die Menschen und die Jünger dieses Drama gesehen hatten, waren sie erstaunt und dachten, Jesus habe etwas wirklich Großes vollbracht.

Hier ist noch eine weitere Geschichte: „Damals brachten sie einen Mann zu Jesus, der war blind und stumm, weil er von einem bösen Geist besessen war. Jesus heilte ihn, und er konnte wieder sprechen und sehen. Darüber geriet die Menge in große Erregung und alle fragten sich: , Ist er vielleicht der versprochene Sohn Davids?'" *(Matthäus* 12:22-23)

Jesus heilte diesen Mann, sodass er nun sprechen und sehen konnte. Jesus ließ den bösen Geist ausfahren, sodass der Mann nicht mehr länger blind und taub erschien.

Als Jesus fortfuhr, mithilfe seiner Teufel-Freunde Wunder zu vollbringen, begannen die Menschen sich zu fragen, ob es sein könne, dass Jesus der Sohn von David sei, der Messias. Die Pharisäer sagten, nur durch den Beelzebub, den Prinz der Dämonen, könne dieser Mann Dämonen austreiben. Weil er ihre Gedanken kannte, sagte Jesus zu ihnen: „Aber als die Pharisäer das hörten, sprachen sie: ‚Er treibt die bösen Geister nicht anders aus als durch Beelzebub, ihren Obersten.' Jesus erkannte aber ihre Gedanken und sprach zu ihnen: ‚Jedes Reich, das mit sich selbst uneins ist, wird verwüstet; und jede Stadt oder jedes Haus, das mit sich selbst uneins ist, kann nicht bestehen. Wenn nun der Satan den Satan austreibt, so muss er mit sich selbst uneins sein; wie kann dann sein Reich bestehen? Wenn ich aber die bösen Geister durch Beelzebub austreibe, durch wen treiben eure Söhne sie aus? Darum werden sie eure Richter sein. Wenn ich aber die bösen Geister durch den Geist Gottes austreibe, so ist ja das Reich Gottes zu euch gekommen. ' " *(Matthäus* 12:24-28)

Beelzebub ist der Prinz des Teufels *(Merriam-Webster's),* Beelzebub ist *nur* ein gefallener Erzengel, während Luzifer oder Satan der gefallene, sich auflehnende Rebell Erzengel ist *(Merriam Webster's).* Die Pharisäer dachten, Jesus sei vom Beelzebub besessen. Sie wussten nicht, dass Maria-Jesus Luzifer-Satan ist, welcher durch Maria einen pseudo-menschlichen Körper angenommen hat. Die Pharisäer kannten das Geheimnis von Jesu Geburt nicht. Sie wussten nicht, dass Maria mit Jesus schwanger war, bevor sie Josef geheiratet hatte. Deshalb glaubten sie, dass Jesus der Sohn von Josef war und deswegen glaubten sie auch, Jesus sei ein menschliches Wesen, das vom Beelzebub besessen sei.

Wenn Jesus gewusst hätte, dass jeder Haushalt, der sich auftrennt, nicht bestehen bleiben kann, warum sagte er dann: „Meint ihr, ich sei gekommen, um Frieden auf die Erde zu bringen? Nein, sage ich euch, nicht Frieden, sondern Spaltung." *(Lukas* 12:51)

Jesus sagte: „Ist denn der Satan auch mit sich selbst uneins, wie will sein Reich bestehen?“ *(Lukas* 11:18)

Es besteht ein Unterschied zwischen Satan und Beelzebub. Beelzebub ist ein gefallener Erzengel, der auch Prinz des Teufels genannt wird, während Satan Luzifer ist, der gefallene Rebell Erzengel, der auch Regent des Teufels genannt wird. *(Merriam Webster's:* die oberste Personifikation des Bösen wird auch Regent der Hölle genannt. Luzifer war ein mächtiger aber stolzer Erzengel, bevor er gegen den Himmel rebellierte). Die Pharisäer oder die Juden erwähnten nur Beelzebub. Da Jesus hier aber von Luzifer-Satan spricht, enthüllt er damit ungewollt, dass er selbst Luzifer-Satan, der Regent der Teufel, ist.

Jesus argumentierte auch mit: „Wenn ich Dämonen mit dem Beelzebub austreibe, mit wem treiben den eure Söhne diese aus?“ Hatten die Juden nichts Besseres zu tun als Dämonen auszutreiben? Nur zu der Zeit, als Jesus sein sogenanntes Amt begann, lebten in Israel von Dämonen besessene Menschen. Tatsächlich haben die Menschen Israels nie jemanden gesehen, der Dämonen austreibt: „Und nachdem der Dämon ausgetrieben war, redete der Stumme. Und die Volksmenge verwunderte sich und sprach: So etwas ist noch nie in Israel gesehen worden!“ *(Matthäus* 9:33)

Wie kommt es, dass hunderte von besessenen Leuten genau dann erschienen, als Jesus seine Karriere startete? „Als es aber Abend geworden war und die Sonne unterging, brachten sie alle Leidenden und Besessenen zu ihm; und die ganze Stadt war an der Tür versammelt.“ *(Markus* 1:32-33) Als Jesus immer mehr Dämonen ausfahren ließ, gewann er immer mehr an Bekanntheit: Danach brachte man einen Mann zu ihm, der blind und stumm war, weil ein böser Geist ihn beherrschte. Jesus heilte ihn, und er konnte wieder reden und sehen. In großer Aufregung riefen da die Menschen: „Ist dieser Jesus vielleicht doch der versprochene Retter, der Sohn Davids?“ *(Matthäus* 12:22-23)

Wer immer an Jesus glaubte oder auch nicht, die Teufel glaubten wirklich, dass Jesus der Sohn Gottes war! „Menschen, die von bösen Geistern besessen waren, warfen sich vor ihm nieder, sobald sie ihn sahen, und schrien: ‚Du bist der Sohn Gottes!‘“ *(Markus* 3:11) Was könnte besser beweisen, als die Worte, die von bösen Geistern kommen, dass Jesus der Sohn Gottes ist. Aber warum sagt die Bibel: „Er (Jesus) ließ die bösen Geister nicht zu Wort kommen; denn sie wussten genau, wer er war?“ *(Markus* 1:34) Jesus ließ die bösen Geister schreien: „Du bist der Sohn Gottes.“ Aber Jesus ließ diese bösen Geister, die wussten, wer er wirklich war, nicht zu Wort kommen. Dies beweist, dass Jesus die Dämonen nicht aussprechen ließ, wer er wirklich war. Sie durften nur schreien, er sei Sohn Gottes.

Jesus sagte: „Wenn ein Dämon ausgetrieben wird, irrt er in öden Gegenden umher auf der Suche nach einem neuen Opfer. Findet er keins, entschließt er sich: ‚Ich will dorthin zurückkehren, woher ich gekommen bin.‘ Wenn er zurückkommt und seine frühere Wohnung sauber und geschmückt, aber leer vorfindet, dann sucht er sich sieben andere Geister, die noch schlimmer sind als er selbst. Zusammen ergreifen sie Besitz von dem Menschen, der nun schlimmer dran ist als vorher. Genauso wird es auch diesem gottlosen Volk ergehen.“ *(Matthäus* 12:43-45)

Lukas 11:26 gibt noch eine wichtige Information: „Dann geht er hin und nimmt sieben andere Geister mit sich, die bösartiger sind als er selbst, und sie ziehen ein und wohnen dort, und es wird der letzte Zustand dieses Menschen schlimmer als der erste.“

Wenn Jesus wusste: Wenn ein Dämon aus jemandem ausgetrieben wurde, und dieser dann mit mehreren bösen Teufeln zurückkehren würde, hiesse das, dass der Zustand nach der Dämonenaustreibung schlimmer wäre als vorher. Warum plagt er sich dann mit Dämonenaustreibung? Jesus-Luzifers schlechter Plan zeigt sich, wenn er sagt: „Genauso wird es auch diesem gottlosen Volk ergehen." Dies ist wahrlich die versteckte Ordnung von Jesus-Luzifer, wenn er Dämonen austreibt, damit der letzte Zustand des Mannes schlimmer ist als der erste.

Die Heilung der Leute durch Jesus war nur ein Drama, das Jesus-Luzifer zusammen mit seinen Untergebenen, den sogenannten gefallenen Engeln, den Teufeln, spielte. Ein perfektes Beispiel dazu ist *Matthäus* 8:5-13. „Als Jesus in Kapernaum eintraf, kam ein römischer Hauptmann zu ihm und sagte: ‚Herr, heile meinen Diener! Er liegt gelähmt im Bett und leidet entsetzlich.' Jesus antwortete: ‚Ich will mitkommen und ihn heilen.' Der Hauptmann erwiderte: ‚Herr, ich bin nicht wert, dich in meinem Haus zu empfangen. Sag nur ein einziges Wort, dann wird mein Diener gesund.' Auch ich habe Vorgesetzte, denen ich gehorchen muss, und ich erteile selbst Befehle an meine Soldaten. Wenn ich zu einem sage «Geh!», dann geht er. Befehle ich einem anderen

«Komm!», dann kommt er. Und wenn ich zu meinem Diener sage «Tu dies!», dann führt er meinen Auftrag aus.‘ Als Jesus das hörte, wunderte er sich sehr. Er sagte zu den Menschen, die ihm gefolgt waren: ‚Eins ist sicher: Unter allen Juden in Israel bin ich keinem Menschen mit einem so festen Glauben begegnet. Und ich sage euch: Viele Menschen aus aller Welt werden kommen und mit Abraham, Isaak und Jakob im Himmel das Freudenfest feiern. Aber die ursprünglich für Gottes neue Welt bestimmt waren, werden in die tiefste Finsternis hinausgestoßen, wo es nur Heulen und ohnmächtiges Jammern geben wird.‘ Dann sagte Jesus zu dem Hauptmann: ‚Geh wieder nach Hause! Was du geglaubt hast, ist Wirklichkeit geworden.‘ Zur selben Zeit wurde der Diener gesund.“

Der römische Hauptmann sagte, er selbst sei ein Mann mit Autorität und mit Soldaten, die seiner Befehlsgewalt unterstanden. Wie konnte er wissen, dass Jesus auch Autorität innehatte und Soldaten/Teufel befehligte? Umgekehrt akzeptierte Jesus alles, was dieser Mann sagte.

Als Jesus sagte: „Geh wieder nach Hause! Was du geglaubt hast, ist Wirklichkeit geworden“, geschah es. Genau zu dieser Stunde wurde sein Diener geheilt. Das heißt, Jesus konnte heilen, ohne zu dem Haus des römischen Hauptmanns zu gehen. Warum sagte er dann, dass er zu ihm gehen und ihn heilen werde? Nur wenn er sagt, „ich werde gehen und deinen Diener heilen“, kann der von Dämonen besessene römische Hauptmann von seinem Glauben in Jesus vor dessen Jüngern und anderen Menschen predigen. Das bedeutet, dass der Dialog zwischen dem römischen Hauptmann und Jesus vorausgeplant war. Die Wahrscheinlichkeit, dass dieser römische Hauptmann besessen war, ist deshalb sehr hoch.

Der römische Hauptmann sagte, dass er zu seinem Soldaten nur sagen müsse „geh!” und dann folge jener dieser Aufforderung. Er wollte nur, dass Jesus das „Wort“, das nichts anderes ist als „geh!“, sagte. Am Ende des Gespräches sagte Jesus „geh!“—und genau dann war der Diener geheilt. Das Ausrufezeichen mit dem Wort „geh“ zeigt die Nachdrücklichkeit dieser Äußerung, da ein Ausruf definiert ist als eine „scharfe und sofortige Äußerung“. *(Merriam Webster's)*

Jesus sagte: „Unter allen Juden in Israel bin ich keinem Menschen mit einem so festen Glauben begegnet.” Wenn dies wahr wäre, hätte Jesus die Schlüssel für sein Königreich im Himmel diesem römischen Hauptmann geben sollen und nicht Petrus, welcher offensichtlich durch den Satan besessen war, wie diese Passage nahelegt: „Von da an begann Jesus seinen Jüngern zu zeigen, dass er nach Jerusalem gehen und viel leiden müsse von den Ältesten, den obersten Priestern und Schriftgelehrten, und getötet werden und am dritten Tag auferweckt werden müsse. Da nahm Petrus ihn beiseite und fing an, ihm zu wehren und sprach: Herr, schone dich selbst! Das widerfahre dir nur nicht! Er aber wandte sich um und sprach zu Petrus: Weiche von mir, Satan! Du bist mir ein Ärgernis; denn du denkst nicht göttlich, sondern menschlich!" *(Matthäus* 16:21-23)

Petrus dachte, Jesus sei eine große Persönlichkeit. Deshalb akzeptierte er es nicht, als Jesus seinen Todesplan offenbarte. Dies ist eine natürliche Reaktion eines Mannes, der Güte ausstrahlt. Aber Jesus wurde wütend und nannte Petrus Satan. Wenn Jesus gewusst hätte, dass Petrus denkt, wie mitfühlende Menschen nun mal denken, warum nannte er ihn dann Satan? Wenn irgendjemand diesen Text liest, in dem Jesus Petrus Satan nennt, wäre es unmöglich, auf die Idee zu kommen, dass Jesus Satan ist. Denn wenn Petrus der Satan ist, wie kann dann Jesus auch der Satan sein? Es gibt nur einen einzigen Satan. Aber nochmals; Wenn Petrus, ein Mann, Satan ist, warum nennt Maria-Jesus sich selbst dann „Sohn eines Mannes"? Jesus sagte: „Nennt auch niemand auf Erden euren Vater; denn einer ist euer Vater, der im Himmel ist". *(Matthäus* 23:9) Wenn dies wahr wäre, würde Maria-Jesus jedes Mal lügen, wenn er sich „Sohn eines Mannes" nennt, weil: Wenn immer er sich Sohn eines Mannes nennt, sagt er unbeabsichtigt, dass ein Mann sein Vater sei. Jesus, der unehelich von einem Geist und einer menschlichen Frau gezeugt wurde, befiehlt den Menschen, niemanden auf Erden Vater zu nennen.

Jesus sagte: „Nenne niemanden auf Erden deinen Vater, denn du hast nur einen Vater"—aber das Neue Testament beginnt mit einer Liste von Männern, von welchen angenommen wird, dass sie die Väter von Jesus sind. Auch dies ist falsch, weil der Stammbaum von Jesus mit folgenden Worten endet: „Eliud, Vater von Eleazar, Eleazar Vater von Matthan, Matthan, Vater von Jakob, und Jakob Vater von Josef, dem Ehemann von Maria, von welcher Jesus geboren ist, welcher Christus genannt wird." Die Bibel sagt nicht, dass Josef der Vater von Jesus ist, sie sagt nur, dass Josef der Mann von Maria ist. Der Stammbaum in der Bibel ist also derjenige von Josef und nicht von Jesus. Es ist noch klarer in *Lukas* 3:23-24 festgehalten: „Und Jesus war ungefähr 30 Jahre alt, als er begann; er war, wie man meinte, ein

Sohn Josefs, des Eli, des Matthat, des Levi, des Melchi, des Janna, des Josef".

Während der Stammbaum in *Matthäus* sagt, dass Jakob der Vater von Josef sei, sagt Lukas mit der gleichen Bestimmtheit, dass Josef der Sohn von Eli sei!

Hier wird ein anderer Vorfall als Wunder, das Jesus vollbracht hat, dargestellt: „Und er stand auf und ging aus der Synagoge in das Haus des Simon. Simons Schwiegermutter aber war von einem heftigen Fieber befallen, und sie baten ihn für sie. Und er trat zu ihr, neigte sich über sie und befahl dem Fieber, und es verließ sie. Und sogleich stand sie auf und diente ihnen." *(Lukas* 4:38-39)

Jesus befahl nicht dem Fieber, zu gehen, stattdessen befahl er dies dem Dämon, der sie besessen hatte. Sobald der Dämon sie verlassen hatte, war das Fieber weg. So konnte Jesus ein Wunder mehr verzeichnen. Jesus ging zu Simons Haus. Was tat Simons Schwiegermutter in Simons Haus? Wenn sie krank war, warum besuchte sie dann ihre Tochter? Es scheint, dass eine kranke Frau geheilt werden musste, damit sie eine Mahlzeit servieren konnte. Was ist denn mit Simons Frau oder seiner Mutter?

Noch ein anderes Wunder: „Und siehe, es erhob sich ein großer Sturm auf dem See, sodass das Schiff von den Wellen bedeckt wurde; er aber schlief. Und seine Jünger traten zu ihm, weckten ihn auf und sprachen: ‚Herr, rette uns! Wir kommen um!' Da sprach er zu ihnen: ‚Was seid ihr so furchtsam, ihr Kleingläubigen?' Dann stand er auf und befahl den Winden und dem See; und es entstand eine große Stille." *(Matthäus* 8:24-26)

Der wilde Sturm kam ohne Vorwarnung, was meint, dass das Aufkommen dieses Sturmes von niemandem gesehen wurde, bevor er das Boot traf. Es war also ein Sturm, der plötzlich von nirgendwoher erschienen war und ihr Boot traf. Sturm ist definiert bei *Merriam Webster's* als eine Störung in der Atmosphäre, verbunden mit Wind und meist auch mit Regen, Schnee, Hagel, Graupel oder Donner und Blitz. Das Wunder in dieser Geschichte ist also, dass Jesus im Boot schlief, während starke Wellen über das Boot schlugen und es vielleicht auch regnete und donnerte.

Zuletzt gingen die Jünger und weckten ihn auf. Sie sagten: „Herr, rette uns! Wir werden untergehen!" Darauf antwortete er: „Ihr von wenig Glauben, warum seid ihr so ängstlich?" Sogar als ihr Boot im Begriff war unterzugehen und sie einer Tragödie nahe waren, glaubten sie noch an Jesus.

Deshalb weckten sie ihn auf und sagten: „Herr, rette uns“. Sie warteten vielleicht deshalb so lange, um den Schlaf des Meisters nicht zu stören. Aber das Erste, was Jesus sagte, als er aufwachte, war, dass er ihren Mangel an Glauben beklagte. Wenn Jesus wirklich geschlafen hätte, wäre er sicher aufgewacht, wenn der schwere Sturm ihr Boot getroffen hätte. Jesus gab nur vor zu schlafen, so konnte er sie wegen des fehlenden Glaubens tadeln, als sie ihn weckten und noch mehr Glauben in sie bringen. Dieser Glaube, den er immer wieder und listigerweise in sie einpflanzte, kostete sie am Ende ihr Leben.

Wenn es ein natürlicher Sturm gewesen wäre, dann hätte Jesus nur den Wind zu beruhigen brauchen. Weil die Wellen vom Wind abhängig sind und der Wind gestoppt hätte, wäre es nicht nötig gewesen, auch die Wellen zu beruhigen, da Wellen sich automatisch beruhigen, wenn der Wind ruhig ist. Aber die Bibel sagt, Jesus tadelte den Wind und dann die Wellen. Mit anderen Worten: Wenn Jesus den Wind tadelte, beruhigte sich dieser, aber die Wellen taten es nicht. Daraus geht hervor, dass es schwere Wellen waren, die das Boot trafen, sogar noch, als kein Wind mehr war. Aber dann tadelte Jesus die Wellen und es war vollkommen ruhig!

Jesus reagiert jedes Mal panisch, wenn er bemerkt, dass seine wahre satanische Identität aufgedeckt werden könnte. Ein typisches Beispiel ist in *Markus* 9:14-18 & 21-25 zu finden, wo er aufgrund offensichtlicher Zeichen der Enthüllung seiner wahren Identität in Panik gerät.

Markus 9:14-18 „Bei ihrer Rückkehr fanden sie die anderen Jünger zusammen mit einigen Schriftgelehrten mitten in einer großen Volksmenge. Die Schriftgelehrten hatten die Jünger in ein Streitgespräch verwickelt. Als die Leute Jesus sahen, liefen sie ihm aufgeregt entgegen und begrüßten ihn. ‚Worüber streitet ihr euch denn?', fragte er sie. Einer aus der Menge antwortete: ‚Lehrer, ich habe meinen Sohn hergebracht, damit du ihn heilst. Er kann nicht sprechen, weil er von einem bösen Geist beherrscht wird. Wenn dieser Geist Gewalt über ihn gewinnt, wirft er ihn zu Boden. Dann tritt dem Jungen Schaum vor den Mund, er knirscht mit den Zähnen und bleibt schließlich bewusstlos liegen. Ich habe schon deine Jünger angefleht, den bösen Geist auszutreiben; aber sie waren machtlos.'"

Markus 9:25-26: „Jesus sah, dass immer mehr Leute zusammenliefen; da sagte er drohend zu dem bösen Geist: ‚Du stummer und tauber Geist, ich befehle dir: Fahr aus diesem Kind und komm nie wieder zurück!‘ Der Geist schrie anhaltend und zerrte den Jungen wie wild hin und her, dann fuhr er aus ihm aus. Der Junge lag wie leblos am Boden, sodass die Leute schon sagten: ‚Er ist tot. ‘ “

Der Vater des Knaben sagte, der Geist sei stumm. Jesus jedoch wirft dem Geist vor, stumm und taub zu sein. Damit beging Jesus einen groben Fehler, denn der Geist hörte ihn und befolgte seine Worte, als er ihm befahl, den Körper des Jungen zu verlassen. Das zeigt: Der Geist war nicht taub.

Jesus beging den Fehler, weil er in Panik geriet. Er verwies den Geist, als er sah, dass immer mehr Leute zusammenliefen. Offensichtlich sollte der unreine Geist sich von dem Geschehen entfernen, bevor die Leute zu nahe kamen. In dieser Eile geriet er in Panik und beging den Fehler. Seine Panik entstand durch die plötzliche Erkenntnis, dass die Enthüllung als Satan und als Anführer aller unreinen Geister möglich ist. So geschehen, war er selbst durch diese Erkenntnis ergriffen, welche bei der ob genannten Gelegenheit unwillentlich über ihn gekommen war.

Grundloser Zorn

In *Matthäus* 3:7 spricht der Täufer Johannes von dem „künftigen Zorn". Es wird berichtet, dass sich Johannes an Pharisäer und Sadduzäer zusammen richtet. Zumindest in Bezug auf Sadduzäer aber ist der Bericht falsch und unehrlich. Während Pharisäer stark gläubig sind, sind Sadduzäer stark ungläubig. Matthäus selbst schreibt nachträglich über Sadduzäer, die Jesus wegen einer Hauptaussage seinerseits in die Zange nehmen. Johannes war nur der Vorläufer von Jesus. Es ist unglaublich, dass Sadduzäer ohne Grund plötzlich zu Johannes gehen würden, um sich von ihm taufen zu lassen. Da Pharisäer Gläubige sind und überdies strikte in Übereinstimmung mit dem Gesetz leben, das Moses von Jehova gegeben wurde, ist der Zorn gegen sie, von dem Johannes spricht, grundlos.

In Bezug auf den Zorn, fragt Johannes bezeichnenderweise: „wer hat denn euch gewiesen". Den Ursprung dieses grundlosen Zorns gegen den Menschen findet man nur in Luzifer.

Der Bericht stammt aus dem 16. Jahrhundert. Er kommt von einem persönlichen Erlebnis und der Feder von Maria von Agreda (Spanien).

Sie war eine mystische Nonne und eine starke und reine Jesus-Fanatikerin. Aber die Person, die sie tatsächlich in ihrer hingebungsvollen, meditativen Vision wahrgenommen hat, war der unveränderte Luzifer. Da Maria dessen Identität mit Jesus aufgrund ihres übermäßigen Aber-glaubens, verkleidet als Glaube an Gottes Sohn, völlig fernliegt, ist ihr Bericht über die Vision objektiv, wahr und aus erster Hand. Demzufolge findet man den Ursprung des Zorns in Luzifer.

Der genaue Zeitpunkt, als Luzifer gegen den Menschen rebellierte, wird von Maria von Agreda korrekt zum Moment zurückverfolgt, als die Idee des Menschen geboren wurde. „Dann rebellierten Luzifer und seine Engel", berichtet sie präzise von ihrer Vision. „Sobald Luzifer und seine Anhänger in die Hölle gingen [unter Zwang durch die Rebellion gegen den Menschen], versammelten sie sich zu einem großen Konzil, ... Luzifer sagte: ‚Und ihr, ihr Dämonen die ihr zusammen mit mir geschädigt wurdet, folgt mir! Gehorcht mir im Verfolgen dieser Rache, so wie ihr mir in die Rebellion gefolgt seid! Gebt vor, die Menschen zu lieben, um sie zu zerstören; dient ihnen, um sie täuschen und sie zu zerstören. Helft ihnen, um sie zu pervertieren und sie in diese Regionen der Hölle hineinzuziehen.'"

Luzifers Äußerungen zielen ausdrücklich gegen den Menschen. Daher ist die darin angekündigte Rache eine Rache gegen den Menschen. Diese Rache ist auch grundlos, da der Mensch zu diesem Zeitpunkt noch nicht geschaffen worden war. Maria von Agreda fährt fort mit der Vision: „Keine menschliche Zunge kann die Böswilligkeit und den Zorn gegenüber der menschlichen Rasse, welche zwar noch nicht existierte, aber geschaffen werden sollte, in diesem ersten Konzil von Luzifer und seinen Gastgebern erklären." Jesu Himmelreich bzw. das Reich Gottes ist die verkörperte Hochwassermarke von Luzifers Böswilligkeit und Zorn gegen das menschliche Wesen.

Das Falsche Versprechen

Seinen Anhängern stellte Jesus eine neue Hoffnung auf das Ende der Welt in Aussicht und damit auch die Hoffnung auf sein eigenes Wiedererscheinen. Dies soll sich während ihrer Lebensspanne zutragen. *Matthäus* 10.23: „Wahrlich ich sage euch: Ihr werdet mit den Städten Israels nicht zu Ende kommen, bis des Menschen Sohn kommt." Aber *Matthäus* 24.14 sagt: „Und es wird gepredigt werden das Evangelium vom Reich in der ganzen Welt zu einem Zeugnis über alle Völker, und dann wird das Ende kommen."

Jesus sagt zuerst, dass er wiederkehren wird, bevor das Predigen seines sogenannten Evangeliums in allen Städten Israels abgeschlossen ist. Das ist eine offensichtliche Lüge, denn, entsprechend seinen eigenen Worten in *Matthäus* 24:36 „weiß niemand, auch die Engel im Himmel nicht, auch der Sohn nicht, sondern allein der Vater den Tag und die Stunde seiner Rückkehr."

Er sagt später, dass er erst kommen wird, wenn das gleiche Evangelium auf der ganzen Welt gepredigt wird. Mit der zweiten Aussage wird klar, dass sein Ziel das wirkungsvolle Predigen seines Evangeliums auf der ganzen Welt war, durch die

Leute, die er selbst ausgesucht hatte. Wenn er dies den irregeführten Männern von Anfang an gesagt hätte, hätten sie ihn auf der Stelle verlassen, denn sie hätten es sofort als unmögliche Aufgabe angesehen. Deshalb verspricht er den Jüngern zuerst, dass er wiederkommen werde, bevor sie mit dem Predigen des sogenannten Evangeliums in ganz Israel fertig seien. Aber das Versprechen wurde nicht gehalten. Das Versprechen wurde stattdessen zu einem Betrug, obwohl er in *Matthäus* 24:34-35 gesagt hatte: „Wahrlich ich sage euch: Dies Geschlecht wird nicht vergehen, bis dass dieses alles geschehe. Himmel und Erde werden vergehen; aber meine Worte werden nicht vergehen."

Jesu Ankündigung seiner bevorstehenden Rückkehr ist jetzt 2000 Jahre alt. Wenn in Jesus die kleinste Wahrheit zu finden wäre, hätten seine Rückkehr und das Ende der Welt schon vor langer Zeit stattgefunden. Das alles zeigt, dass in Jesus keine Wahrheit liegt und er ein Lügner und der Vater der Lügen ist. *Johannes* 8:44: „Ihr seid von dem Vater, dem Teufel, und nach eures Vaters Lust wollt ihr tun. Der ist ein Mörder von Anfang und ist nicht bestanden in der Wahrheit; denn die Wahrheit ist nicht in ihm. Wenn er die Lüge redet, so redet er von seinem Eigenen; denn er ist ein Lügner und ein Vater derselben."

Das ist eine wissende Aussage. Jedes Wort darin betrifft den Sprechenden selbst, nämlich Jesus. Sie sind in ihm realisiert und in niemand anderem. Jeder, der Jesus und seine aufrührerischen Ergüsse in den sogenannten Evangelien betrachtet, wird zum selben Schluss kommen, speziell wenn er diese Worte in irgendeinem der vier Bücher mit dem gleichen Text in einem anderen Buch vergleicht.

Betrug, dein Name ist Jesus!

Betrachte nun das Gespräch zwischen Petrus und Jesus in Gegenwart von Johannes, wie in *Johannes* berichtet. *Johannes* 21:20-24 „Petrus aber wandte sich um und sah den Jünger folgen, den Jesus liebte, der sich auch beim Abendmahl an seine Brust gelehnt und gefragt hatte: ‚Herr, wer ist's, der dich verrät?‘ Als Petrus diesen sah, spricht er zu Jesus: ‚Herr, was ist aber mit diesem?‘ Jesus spricht zu ihm: ‚Wenn ich will, dass er bleibe, bis ich komme, was geht es dich an? Folge du mir nach!‘ Daher kam nun dieses Wort auf unter den Brüdern: ‚Dieser Jünger stirbt nicht!‘ Und doch hat Jesus nicht zu ihm gesagt, er sterbe nicht, sondern: ‚Wenn ich will, dass er bleibe, bis ich komme, was geht es dich an?‘ Das ist der Jünger, der von diesen Dingen Zeugnis ablegt und dies geschrieben hat; und wir wissen, dass sein Zeugnis wahr ist."

Warum sagte Jesus, dass Johannes die übrigen überleben würde?

Von den elf Jüngern, die nach dem Tod von Judas übrig blieben, war Jakobus, der Sohn von Zabedee, der erste, der starb. Da Jesus nicht erschien, waren die übrigen Jünger fest davon überzeugt, dass Johannes noch lebte. Deswegen ging die Geschichte umher, dass Johannes nicht sterben würde. Es ist unmöglich zu wissen, dass Jesus nicht beabsichtigte zu sagen, dass Johannes niemals sterben würde. Erst nachdem Johannes tot ist, kann man es wissen. Jedoch ist es nicht möglich für Johannes, dies niederzuschreiben, da es für niemanden möglich ist, nach seinem Tode etwas zu schreiben. Deshalb ist die Nachricht, die in seinem Namen geschrieben steht, die Arbeit eines anderen.

Johannes' Interpretation, dass Jesus nicht beabsichtigte zu sagen, dass Johannes nicht sterben würde, wird auch widerlegt durch Jesu eigene Worte in *Matthäus* 16:28: „Wahrlich, ich sage euch: Es stehen einige hier, die den Tod nicht schmecken werden, bis sie den Sohn des Menschen haben kommen sehen in seinem Reich!“

Die Worte waren an alle gerichtet, zweifellos auch an Johannes. Die erneute Betonung des Hinweises von Jesus ist in *Johannes* 21:23 geschrieben. Doch durch solch einen Hinweis wäre das Christentum mit dem Tod von Johannes, folgend auf den Tod von Jakobus, kollabiert. Durch den hier wiederholten Hinweis überlebt das Christentum den sicheren Kollaps nach Johannes Tod.

Jesus wählte Johannes aus, da dieser als letzter Jünger sterben würde. Mit seinen Worten versicherte er sich selbst, dass alle anderen Jünger bis zu ihrem Tode daran glauben würden, während sie unabsichtlich seinem Plan bezüglich der Sicherheit von Johannes folgten. Jedoch durch seine Zitierung von Johannes, dem letzten Jünger, der sterben wird, hätten sich die anderen zurückgezogen in Anbetracht ihres eigenen Todes, was doch einen Fehler in seinem Versprechen offenbart. Der gewalttätige Tod von Jakobus durch die Juden, wäre zweifellos dieser Wendepunkt gewesen. *(Offenbarung* 12:2)

Markus 14:50 rapportiert dementsprechend, wenn er sagt, dass bei der Festnahme Jesu diesen all seine Jünger verließen und flohen. Darüber hinaus verneinte ihn Petrus dreimal aus Angst vor dem Tod.

Wenn die Jünger auch noch nach Jakobus' Tod standhaft waren, dann, weil Jesus sie bis zum letzten Moment mit seinem Versprechen, gesund vor Johannes Tod zurückzukehren, betrog. Die Jünger starben. Johannes starb auch.

Sein Versprechen, noch während Johannes Leben zurückzukehren, war eine Falle, damit er sich ausser Jakobus noch weiterer Opfer sicher war. Das sogenannte Christentum hat ungemein durch seine Betrügerei gewonnen. Wenn das Christentum umbenannt würde, verdiente es den Namen eines treuhänderischen Märtyrertums.

Als seine Jünger ihn fragten: „Sag uns den Tag und die Stunde deiner Rückkehr" *(Matthäus* 24:3), sagte Jesus „weiß niemand, auch die Engel im Himmel nicht, auch der Sohn nicht, sondern allein der Vater" *(Matthäus* 24:36), aber als Petrus nach Johannes' Zukunft fragte, sprach Jesus davon, dass er derjenige sei, der über seine Rückkehr entscheiden würde, indem er sagte: „Wenn ich wollte, dass er bis zu meiner Rückkehr leben würde, was geht es dich an?" Wenn es Jesu Vater wäre, der über seine Rückkehr entschiede, dann wäre es auch sein Vater, der entscheiden würde, ob Johannes bis Jesu Rückkehr leben sollte. Aber Jesus sagte: „Wenn ich will, dass er bis zu meiner Rückkehr lebt?“ Dieser Widerspruch bestätigt die Tatsache, dass Jesus seine Jünger täuschte, als er versprach, dass er vor Johannes’ Tod zurückkehren würde.

Der wahre Autor der Evangelien

Das versteckte Merkmal der sogenannten Evangelien ist eine konstante Auflehnung gegen die Konsistenz. Dies zeigt die Existenz eines gemeinsamen Autors aller vier Bücher.

Beginnen wir mit dem Bericht, wie Jesus zu seinen Jüngern kam. *Matthäus* 4:18-22 sagt, dass Jesus Petrus und seinen Bruder zum ersten Mal sah, als er am Meer von Galiläa entlang ging. Sie warfen ihre Netze ins Meer.

Jesus forderte sie auf, ihm zu folgen. Sie würden zu Menschenfischern gemacht werden. Sie verließen ihre Netze und folgten ihm.

Das gleiche Zusammentreffen wird in *Johannes* 1:35-45 erzählt. Aber hier ist es eine völlig andere Version. Der Ort ist auch verschieden. Nach Matthäus fand das Treffen in Galiläa statt. Aber nach Johannes war es in Judäa. Johannes schreibt, dass es am nächsten Tag war, da Jesus entschied nach Galiläa zu gehen. Daher war das Treffen nicht in Galiläa. Da Jesus dazumal in Judäa war, fand das von Johannes erwähnte Treffen nur in Judäa statt.

Johannes sagt auch, dass Andreas ein Jünger von Johannes dem Täufer war. Aber in *Matthäus* wird das niemals erwähnt.

In *Matthäus* macht Jesus Petrus und Andreas die Jüngerschaft schmackhaft mit dem Angebot, sie zu Menschenfischern zu machen. Aber im Buch Johannes folgen Andreas und später Petrus Jesus ohne Überredungskünste, nur, weil sie auch wirklich Jünger werden wollen.

Kurz gesagt: Es ist unmöglich mit der Bibel herauszufinden, auf welche Weise Petrus und Andreas die Jünger von Jesus wurden, da die vorhandenen Daten so widersprüchlich sind. Die Schreibenden, Matthäus und Johannes, sind selber Jünger von Jesus. Wieso widersprechen sich dann die Berichte? Die einzige Antwort ist, dass diese Bücher nicht das Werk dieser Männer, sondern eines anderen ist. Wenn jedes der vier Bücher unabhängig betrachtet wird, sind sie frei von Widersprüchen. Aber das ist nicht der Fall, wenn sie in einen Zusammenhang miteinander gebracht werden. Das bedeutet, dass alle vier Bücher von einem einzigen rebellischen Geist kommen, nämlich Jesus.

Ein Beweis dafür ist die Auslassung des Themas von *Johannes* 3:22-23 in *Matthäus* und des Themas von *Matthäus* 4:12 in *Johannes*.

Johannes 3:22-23 sagt: „Darnach kam Jesus und seine Jünger in das jüdische Land und hatte daselbst sein Wesen mit ihnen und taufte. Johannes aber taufte auch noch zu Enon, nahe bei Salim, denn es war viel Wasser daselbst; und sie kamen dahin und ließen sich taufen."

Nach diesem Bericht tauften Jesus und seine Jünger zur selben Zeit als Johannes in der Nähe Menschen taufte. Nach Matthäus aber ist dies unmöglich, denn Jesus suchte seine ersten Jünger erst nach der Inhaftierung des Täufers aus, der später im (gleichen) Gefängnis enthauptet wurde.

Es ist unmöglich, dass zu der Zeit, als Jesus und seine Jünger in Judäa tauften, Johannes in Enon taufte, da nach Matthäus Johannes der Täufer im Gefängnis war und dort getötet wurde—lange bevor Jesus seine ersten Jünger rekrutierte. *Matthäus* 4:12: „Da nun Jesus hörte, dass Johannes überantwortet war, zog er in das galiläische Land." In diesem Galiläa findet Jesus seine ersten Jünger.

Da Matthäus und Johannes beide Jünger von Jesus und Augenzeugen sind, ist der Widerspruch zunächst unauflösbar. Denn die einzige Erklärung ist, dass sie nicht die wahren Autoren dieser Bücher sind. Gewisse Aspekte dieser Bücher zeigen, dass hinter ihnen ein führender Kopf steht. Wieso zum Beispiel fehlt *Johannes* 3:22-23 in *Matthäus? Matthäus* 4:12 spricht über die Inhaftierung von Johannes dem Täufer. Aber Johannes sagt, dass der Täufer erst später inhaftiert wurde (3:24).

Kurz, es gibt eine Uniformität in diesen Schriften. Zweitens ist diese Uniformität eine rebellische. Die Rebellion findet sich in allen vier Büchern von Anfang bis Ende.

Um erneut zu zeigen, dass alle vier Bücher von einem einzigen rebellischen Wesen kommen, widmen wir uns nun dem sogenannten Gebet in Gethsemane, in dem wir es ausführlich zitieren.

Matthäus 26:36-47: „Da kam Jesus mit ihnen zu einem Hofe, der hieß Gethsemane, und sprach zu seinen Jüngern: Setzet euch hier, bis dass ich dorthin gehe und bete. Und nahm zu sich Petrus und die zwei Söhne des Zebedäus und fing an zu trauern und zu zagen. Da sprach Jesus zu ihnen: ‚Meine Seele ist betrübt bis an den Tod; bleibet hier und wachet mit mir!‘ Und ging hin ein wenig, fiel nieder auf sein Angesicht und betete und sprach: ‚Mein Vater, ist's möglich, so gehe dieser Kelch von mir; doch nicht, wie ich will, sondern wie du willst!‘ Und er kam zu seinen Jüngern und fand sie schlafend und sprach zu Petrus: ‚Könnt ihr denn nicht eine Stunde mit mir wachen? Wachet und betet, dass ihr nicht in Anfechtung fallet! Der Geist ist willig; aber das Fleisch ist schwach.‘ Zum andern Mal ging er wieder hin, betete und sprach: ‚Mein Vater, ist's nicht möglich, dass dieser Kelch von mir gehe, ich trinke ihn denn, so geschehe dein Wille!‘ Und er kam und fand sie abermals schlafend, und ihre Augen waren voll Schlafs. Und er ließ sie und ging abermals hin und betete zum dritten Mal und redete dieselben Worte. Da kam er zu seinen Jüngern und sprach zu ihnen: ‚Ach wollt ihr nur schlafen und ruhen? Siehe, die Stunde ist hier, dass des Menschen Sohn in der Sünder Hände überantwortet wird. Stehet auf, lasst uns gehen! Siehe, er ist da, der mich verrät!‘ Und als er noch redete, siehe, da kam Judas, der Zwölf einer, und mit ihm eine große Schar, mit Schwertern und mit Stangen, von den Hohepriestern und Ältesten des Volks.“

Die Jünger schliefen, als Jesus diese Worte stummen Ersuchens an seinen angeblichen Vater richtete. Wie können dann die Worte in dem Buch vorkommen? Da Jesus am Ende des angeblichen Gebets verhaftet wurde, gibt es danach kein Gespräch mit den Jüngern. Matthäus, Markus und Lukas können es nicht wissen, ausgenommen von den obigen Jüngern. Von den vier Schreibenden war Johannes der einzige, der am Schauplatz anwesend war. Aber er erwähnt die Episode nicht. Die einzige völlig wache Person am Schauplatz war Jesus.

Der Rest schlief. Es ist klar, dass der Schreiber der Episode Jesus selbst sein muss.

Gehen wir wegen eines Details zurück zu Lukas. Lukas benennt als Quelle seines ganzen Evangeliums jene Menschen, „die es von Anfang selbst gesehen" haben *(Lukas* 1:2). Wer sind die Augenzeugen, die ihm über das sogenannte Gebet berichteten? Lukas aber schreibt, dass die Jünger, die einzig möglichen Augenzeugen, „schlafen vor Traurigkeit" *(Lukas* 22:45).

Lukas liefert diese zusätzliche Information, die sowohl in Matthäus und Markus fehlt: „Es erschien ihm aber ein Engel vom Himmel und stärkte ihn. Und es kam, dass er mit dem Tode rang und betete heftiger. Es ward aber sein Schweiß wie Blutstropfen, die fielen auf die Erde." *(Lukas* 22:43-44)

Wie können die Jünger schlafen, wenn ein Engel vom Himmel herunterkommt und einen Steinwurf entfernt vor ihnen erscheint? Und als Jesus etwas entfernt von den Jüngern betete, wie konnten dann die Jünger sehen, dass von Jesus Schweiss wie Blutstropfen auf den Boden fiel? Nebenbei gesagt, es war beinahe Mitternacht!

Der Gethsemane-Bericht bezeugt einen herrlichen Vorwand seitens Jesu. Erstens ist es unmöglich für Jesus, zu seinem Vater zu beten. Denn Jesus selbst sagt in *Johannes* 10:30, dass er und der Vater eins sind. Dies wird in *Johannes* 14:8-9 ausführlich bestätigt: „Spricht zu ihm Philippus: ‚HERR, zeige uns den Vater, so genügt uns.' Jesus spricht zu ihm: ‚So lange bin ich bei euch, und du kennst mich nicht, Philippus? Wer mich sieht, der sieht den Vater; wie sprichst du denn: Zeige uns den Vater?'"

Aus diesen Worten von Jesus wird klar, dass es nicht zwei verschiedene Personen wie Jesus und seinen Vater gibt, und dass Jehova der gleiche ist wie Jesus. Wie kann Jesus dann zu seinem nicht existierenden Vater beten?

Der Grund, wieso er sein Gebet dreimal wiederholte, ist, dass sein Vorwand jedes Mal an den schlafenden Jüngern scheiterte. Jesus sagt, dass seine Seele fürchterliche Qualen litt. Aber kurz vorher, bevor Judas Anstalten machte, ihn den Beamten zu zeigen, sagt Jesus hämisch: „Nun ist der Menschensohn verherrlicht, und Gott ist in ihm verherrlicht.“ *(Johannes* 13:31) Im nächsten Augenblick wird die Verherrlichung zur Qual!

Die Rebellion geht unverändert weiter in den Berichten nach seinem Tod.

Markus 16:5-7: „Und sie gingen hinein in das Grab und sahen einen Jüngling zur rechten Hand sitzen, der hatte ein langes weißes Kleid an; und sie entsetzten sich. Er aber sprach zu ihnen: ‚Entsetzt euch nicht! Ihr sucht Jesus von Nazareth, den Gekreuzigten; er ist nicht hier. Siehe da die Stätte, da sie ihn hinlegten! Gehet aber hin und sagt's seinen Jüngern und Petrus, dass er vor euch hingehen wird nach Galiläa, da werdet ihr ihn sehen, wie er gesagt hat.‘“

Nach dieser Aussage sollte Jesus zuerst in Galiläa erscheinen. Aber nach Lukas erschien er stattdessen in Jerusalem. *Lukas* 24:33-36: „Und sie standen auf zu derselben Stunde, kehrten wieder gen Jerusalem und fanden die Elf versammelt und die bei ihnen waren, welche sprachen: Der HERR ist wahrhaftig auferstanden und Simon erschienen. Und sie erzählten ihnen, was auf dem Wege geschehen war und wie er von ihnen erkannt wäre an dem, da er das Brot brach. Da sie aber davon redeten, trat er selbst, Jesus, mitten unter sie und sprach: Friede sei mit euch!“

Wenn es wahr wäre wie Lukas sagt, dass er seinen Jüngern in Jerusalem erschien, dann ist der Hinweis in *Markus* 16:7, demzufolge er den Jüngern in Galiläa erscheinen würde, unwahr. Aber es gibt keinen Hinweis im Buch von Markus, wo sich Jesus tatsächlich seinen Jüngern gegenüberstellte. Der Ort wurde in *Markus* bewusst ausgelassen. Ebenfalls wurde das Versprechen der Erscheinung in Galiläa in *Lukas* bewusst ausgelassen *(Markus* 16:7).

Die Folgerung ist, dass beide Bücher von einem einzigen—und darüber hinaus von einem gegen sich selber rebellierenden—Geist stammen.

Ein ähnliches Beispiel bietet *Lukas* 23:49, verglichen mit *Johannes* 19:25-26.

Nach Lukas „standen aber alle seine Bekannten von ferne und die Weiber, die ihm aus Galiläa waren nachgefolgt, und sahen das alles (gemeint ist Jesu Exekution).“ Folgerichtig erwähnt Lukas keine Ansprache Jesu an Umher stehende.

Aber in *Johannes* 19:25-26 lesen wir: „Es stand aber bei dem Kreuze Jesu seine Mutter und seiner

Mutter Schwester, Maria, des Kleopas Weib, und Maria Magdalena. Da nun Jesus seine Mutter sah und den Jünger dabeistehen, den er liebhatte, spricht er zu seiner Mutter: ‚Weib, siehe, das ist dein Sohn!'"

Lukas lässt rebellisch aus, was Johannes über verschiedene bestimmte, beim Galgen wartende und Jesus lauschenden Personen einfügt. Johannes wiederum lässt vorsichtig aus, was Lukas in Bezug auf die gleichen Leute schreibt, die aber entfernt stehen. Die Berichte verraten einen gemeinsamen raffinierten Geist hinter beiden.

Die Rebellion besteht sogar im Bereich der Aussage von den Anklägern von Jesus, was wiederum beweist, dass der wahre Autor der sogenannten Evangelien ein Rebell gegen sich selbst ist. In den Schriften ist Luzifer der Name eines solchen Rebellen.

Markus 14:55-58 befasst sich mit einer solchen Aussage. Markus schreibt, dass die Ankläger logen, als sie gegen ihn aussagten, er habe erklärt, dass er den Tempel von Jerusalem in drei Tagen wieder aufbauen würde. Aber Johannes erklärt, ebenso autoritativ, obwohl indirekt, die Aussage derselben Ankläger als wahrheitsgetreu. Johannes zitiert Jesu Worte, dass er den Tempel in drei

Tagen wieder aufbauen würde: „Jesus antwortete und sprach zu ihnen: Brechet diesen Tempel, und am dritten Tage will ich ihn aufrichten.“ Die Auslassung dieser Aussage in *Markus'* Buch ist bewusst geschehen, ebenso ihre Einbeziehung in *Johannes*. Wieder einmal beweist dies erstens, dass die Bücher von einem anderen und einzigen Autoren stammen, und zweitens, dass dieser wirkliche Autor ein Rebell gegen sich selbst ist.

In *Markus* 15:29-30 lesen wir: „Und die vorübergingen, lästerten ihn und schüttelten ihre Häupter und sprachen: ‚Pfui dir, wie fein zerbrichst du den Tempel und baust ihn in drei Tagen! Hilf dir nun selber und steig herab vom Kreuz!‘“ In diesen Versen widerspricht sich Markus selber. Ausgehend von dem, was er vorher sagte, wären diese Worte falsch. Aber er zitiert jetzt arglose Passanten mit denselben Worten. Dies ist ein Beispiel für eine sich selbst nährende Rebellion.

Nebenbei bemerkt, zeigt dies alles, dass Jesus aus gutem Grund exekutiert wurde. Markus schreibt: „Viele gaben falsch Zeugnis wider ihn; aber ihr Zeugnis stimmte nicht überein.“ (14:56). Aber er hat dem nichts anderes entgegenzusetzen als obiges aufrührerisches Vorgehen.

Das Folgende zeigt ein perfektes Beispiel dafür, dass die Evangelien nicht durch jene geschrieben und nicht mal gesehen wurden, welche mit Jesus waren.

Markus 14:29-30: „Petrus aber sagte zu ihm: ‚Wenn auch alle an dir Anstoß nehmen, doch nicht ich!‘ Und Jesus spricht zu ihm: ‚Wahrlich, ich sage dir: Heute, in dieser Nacht, ehe der Hahn zweimal kräht, wirst du mich dreimal verleugnen!‘“

Einige Abschnitte später schreibt Markus einen detaillierten Bericht darüber, wie Petrus Jesus dreimal verleugnet.

„Und während Petrus unten im Hof war, kam eine von den Mägden des Hohepriesters. Und als sie Petrus sah, der sich wärmte, blickte sie ihn an und sprach: ‚Auch du warst mit Jesus, dem Nazarener!‘ Er aber leugnete und sprach: ‚Ich weiß nicht und verstehe auch nicht, was du sagst!‘ Und er ging in den Vorhof hinaus, und der Hahn krähte. Und als die Magd ihn sah, begann sie wieder und sprach zu den Umstehenden: ‚Dieser ist einer von ihnen!‘ Er aber leugnete wiederum. Und ein wenig nachher sprachen die Umstehenden nochmals zu Petrus: ‚Wahrhaftig, du bist einer von ihnen!

Denn du bist ein Galiläer, und deine Sprache ist gleich.‘

Er aber fing an, [sich] zu verfluchen und zu schwören: ‚Ich kenne diesen Menschen nicht, von dem ihr redet!‘ Da krähte der Hahn zum zweitemal; und Petrus erinnerte sich an das Wort, das Jesus zu ihm gesagt hatte: ‚Ehe der Hahn zweimal kräht, wirst du mich dreimal verleugnen.‘“ (14:66-72).

Lukas beschreibt die gleiche Situation folgendermassen:

„Er aber sprach: ‚Ich sage dir, Petrus: Der Hahn wird heute nicht krähen, ehe du dreimal geleugnet hast, daß du mich kennst!‘“ (22:34).

Im Buche *Markus* sagt Jesus, Petrus würde ihn in dieser Nacht dreimal verleugnen, bevor der Hahn zweimal gekräht habe. Nach Lukas kräht der Hahn jedoch zum ersten Mal, nachdem Petrus Jesus dreimal verleugnet hat. Zur Erzählung der gleichen Situation werden zwei verschiedene Varianten gewählt.

Die Erzählung von Markus stimmt mit der Erzählung von Lukas nicht überein. Die Worte der beiden wiedersprechen sich, obwohl sie wussten, was der andere jeweils schrieb.

Unabhängig davon schreibt *Johannes* in 8:44 dies: „Wenn er die Lüge redet, so redet er aus seinem Eigenen, denn er ist ein Lügner und der Vater derselben.“ Die Worte Johannes‘ über den Teufel deuten auf Jesus hin, dem Autor dieser Bücher.

Das Letzte Abendmahl

Das Neue Testament nennt Judas Ischariot den Verräter von Jesus. Aber, war Judas wirklich ein Verräter? Oder war es Jesus, der Judas hintergangen hat?

Das letzte Abendmahl wird von den Christen mit einer speziellen Faszination angesehen. Ist es doch nichts anderes als eine gedankliche Posse—ultimativ brutal, aber doch nichts mehr als eine plumpe Farce.

Diese Faszination wird aufgehoben, wenn man die Nebenhandlung aufdeckt: Es ist der Verrat an einem Mann, aber auch an einer Gruppe von Männern, wenn nicht sogar an der gesamten Menschheit durch den größten aller Betrüger.

Lasst uns den Bericht von Johannes in Kapitel 13 prüfen:

Jesus sagte: „Wahrlich, wahrlich ich sage euch: Einer unter euch wird mich verraten. Da sahen sich die Jünger untereinander an, und ward ihnen bange, von welchem er redete.“ *Johannes* 13:21-22.

Erstens ist klar, dass keiner der Jünger vorhatte, Jesus zu „verraten“ zu der Zeit, als dieser die Beschuldigung äußerte. Diese Beschuldigung brachte Argwohn unter die Jünger. Sie waren verdutzt und wussten nicht von wem er sprach, wie die Bibel sagt.

Die Passage geht weiter:

Johannes 13:23-25: „Es war aber einer unter seinen Jüngern, der zu Tische saß an der Brust Jesu, welchen Jesus liebhatte. Dem winkte Simon Petrus, dass er forschen sollte, wer es wäre, von dem er sagte. Denn derselbe lag an der Brust Jesu, und er sprach zu ihm: ‚HERR, wer ist's‘?“

Es war aber einer unter seinen Jüngern (z.B. Nr. 2 im Bild), der zu Tische saß an der Brust Jesu, welchen Jesus lieb hatte. Dem winkte Simon Petrus (Nr. 3 im Bild), dass er forschen sollte, wer es wäre.

Johannes 13:26 Jesus antwortete: „Der ist's, dem ich den Bissen eintauche und gebe. Und er tauchte den Bissen ein und gab ihn Judas, Simons Sohn, dem Ischariot“ (Nr. 1 im Bild)

Johannes 13:27: „Und nach dem Bissen fuhr der Satan in ihn. Da sprach Jesus zu ihm: ‚Was du tust, das tue bald!‘“

„Das aber wusste niemand am Tische, wozu er's ihm sagte. Etliche meinten, dieweil Judas den Beutel hatte, Jesus spräche zu ihm: Kaufe was uns not ist auf das Fest! Oder dass er den Armen etwas gäbe. Da er nun den Bissen genommen hatte, ging er alsbald hinaus. Und es war Nacht." *(Johannes* 13:28-30)

Lasst uns diese Geschichte überprüfen: Hörten die anderen Jünger, was Johannes (der Jünger, den Jesus liebte), Jesus fragte? Die Wahrscheinlichkeit ist klein, weil es heißt: Denn derselbe lag an der Brust Jesu, und er sprach zu ihm: „HERR, wer ist's?" Falls er an Jesu' Brust lehnte, wird er wohl leise gesprochen haben. Er hätte auch dort bleiben können, wo er war und mit leiser Stimme sprechen können, warum machte er es nicht so? Weil er nicht wollte, dass die Jünger, die auf der anderen Seite von Johannes saßen, hörten, was er Jesus fragte. Daraus folgt, dass Judas nicht hörte, was Johannes Jesus fragte. Das heißt, als Jesus Judas das Brot gab, wusste Judas nicht, dass Jesus ihn so vor Johannes betrog.

Aber Jesus gab Judas das Brot, um ihn besessen zu machen, um ihn nach seinen Plänen handeln zu lassen. Zur selben Zeit dachte Johannes, dass der einzige Grund für Jesus Brotgabe an Judas sei, ihm zu zeigen, von wem Jesus sprach. Als er also Judas das Brot gab, betrog Jesus Judas und Johannes und den Rest der Jünger am Tisch.

Petrus versuchte durch seinen Freund Johannes herauszufinden, wer derjenige war, vom dem Jesus sprach, weil er sah, dass er nahe bei Jesus saß. Jesu Antwort zu Johannes: „Der ist's, dem ich den Bissen eintauche und gebe ...“ Wenn Judas der wirkliche Verräter wäre, und er gewusst hätte, dass das Brot zu nehmen bedeutet, Jesus zu verraten, dann hätte er es nicht genommen. Wenn die anderen Jünger gehört hätten, was Johannes Jesus fragte, dann hätten sie verstanden, dass es etwas mit dem Verrat an Jesus zu tun hatte.

Wie auch immer, der plötzliche Aufbruch von Judas wird seltsamerweise von den Jüngern als Indiz genommen, er wolle etwas für das Fest kaufen (das schon voll im Gange war) oder Geld für die Armen geben (ein anderes unwahrscheinliches Szenario, es war ja schon spät in der Nacht).

Aber die Bibel sagt, dass Judas aus dem Grund so handelte, wie er es tat, weil er von Satan persönlich besessen wurde, als ihm Jesus das Brot gab. Es war also nicht „irgend ein Dämon“, weil es einem solchen gar nicht gelungen wäre, einer der Apostel Jesu besessen zu machen.

Wir übernehmen nach *Lukas* 9:1 „Er forderte aber die Zwölf zusammen und gab ihnen Gewalt und Macht über alle Teufel und dass sie Seuchen heilen konnten."

Als Jesus zu Judas mit einem Stück Brot kam, dachte Judas sicher an die Worte Jesu aus *Johannes* 6:51 „Ich bin das lebendige Brot, vom Himmel gekommen. Wer von diesem Brot essen wird, der wird leben in Ewigkeit. Und das Brot, dass ich geben werde, ist mein Fleisch, welches ich geben werde für das Leben der Welt."

Jesus wusste, wann und wo er verhaftet werden würde: „Da Jesus solches geredet hatte, ging er hinaus mit seinen Jüngern über den Bach Kidron; da war ein Garten, darein ging Jesus und seine Jünger." *(Johannes* 18:1)

Judas aber, der das Haus schon verlassen hatte, in dem das Abendmahl stattfand, konnte nicht wissen, wohin Jesus und seine Jünger gingen und dies trotz der folgenden Aussage der Bibel, wonach dies ein Versammlungsort war, an dem sich die Jünger und Jesus oft aufhielten und Judas dies hätte wissen sollen.

„Judas aber, der ihn verriet, wusste den Ort auch; denn Jesus versammelte sich oft daselbst mit seinen Jüngern." *(Johannes* 18:2)

Dies kann nicht sein, da sich Jesus und seine Jünger die meiste Zeit in Galiläa aufhielten. Jesus und seine Jünger kamen von Galiläa und Jesus predigte immer in den Dörfern von Galiläa.

Dies ist die Sequenz der Geschehnisse: Jesus wurde großgezogen in Nazareth, Galiläa. Er zog zum Fluss Jordan, um von Johannes dem Täufer getauft zu werden. Als Jesus dann hörte, dass Johannes ins Gefängnis gesteckt wurde, zog er nach Galiläa. Aber anstatt in Nazareth zu bleiben, zog Jesus nach Kapernaum. „Da nun Jesus hörte, dass Johannes überantwortet war, zog er in das galiläische Land. Und verließ die Stadt Nazareth, kam und wohnte zu Kapernaum, das da liegt am Meer, im Lande Sebulon und Naphthali.“ *(Matthäus* 4:12-13)

In Galiläa findet er seine ersten Jünger: „Als nun Jesus an dem Galiläischen Meer ging, sah er zwei Brüder, Simon, der da heißt Petrus, und Andreas, seinen Bruder, die warfen ihre Netze ins Meer; denn sie waren Fischer.“ *(Matthäus* 4:18)

„Und Jesus ging umher im ganzen galiläischen Lande, lehrte sie in ihren Schulen und predigte das Evangelium von dem Reich und heilte allerlei Seuche und Krankheit im Volk.“ *(Matthäus* 4:23) und *Markus* 1:38-39: „Und er sprach zu ihnen:

Lasst uns in die nächsten Städte gehen, dass ich daselbst auch predige; denn dazu bin ich gekommen. Und er predigte in ihren Schulen in ganz Galiläa und trieb die Teufel aus."

„Von der Zeit an fing Jesus an und zeigte seinen Jüngern, wie er müsste hin gen Jerusalem gehen und viel leiden von den Ältesten und Hohepriestern und Schriftgelehrten und getötet werden und am dritten Tage auferstehen." *(Matthäus* 16:21)

„Siehe, wir ziehen hinauf gen Jerusalem, und des Menschen Sohn wird den Hohepriestern und Schriftgelehrten überantwortet werden; sie werden ihn verdammen zum Tode und werden ihn überantworten den Heiden, zu verspotten und zu geißeln und zu kreuzigen; und am dritten Tage wird er wieder auferstehen." *(Matthäus* 20:18-19)

Von da an kam Jesus mit seinen Jüngern nach Jerusalem und wurde in Gethsemane verhaftet.

Als Jesus vor Pilatus gebracht wurde, sagten die Priester und die versammelte Volksmenge Folgendes über Jesus: „Mit seiner Lehre wiegelt er das Volk auf im ganzen jüdischen Land. Angefangen hat er in Galiläa **und jetzt ist er bis hierhergekommen**." *(Lukas* 23:5)

Aus diesen Versen wird klar, dass Jesus und seine Jünger sich nicht entsprechend ihren Gewohnheiten in Jerusalem/Gethsemane trafen. Daraus muss geschlossen werden, dass Judas unter dem Einfluss eines mit Jesus-Oberteufel befreundeten Dämons die Gesetzeshüter zum Garten Gethsemane führte.

Nachdem Judas den Tisch des letzten Abendmahls verlassen hatte, sprach Jesus für eine kurze Zeit weiter zu den Restlichen am Tisch. Dann plötzlich sagte Jesus zu ihnen: „Steht auf und lasst uns von hier weggehen." *(Johannes* 14:31) Warum tat er dies?

Stellen wir uns vor, was passiert wäre, wenn Jesus dieses nicht zu ihnen gesagt hätte. Dann hätten die Juden Jesus im Haus, wo sie das letzte Abendmahl eingenommen hatten, zusammen mit den Aposteln verhaftet. Die Apostel hätten nicht wie im Garten Gethsemane fliehen können. *Markus* 14:50 „Da verließen ihn alle seine Jünger und flohen."

In solch einem Szenario wären die Apostel zusammen mit Jesus und dem Hausbesitzer verhaftet worden.

Die Apostel, die flohen, kamen dorthin zurück, wo das letzte Abendmahl stattfand. Wenn die jüdischen Autoritäten gewusst hätten, dass sich Jesus und die Apostel in diesem Raum versammelten, dann hätten die Apostel bestimmt Angst gehabt dorthin zurückzugehen, da sie auch hätten verhaftet werden können.

Obwohl die Bibel nicht ausdrücklich sagt, dass die Apostel, welche vom Garten Gethsemane flohen, zum Raum des letzten Abendmahls zurückkehrten, wissen wir, dass sogar 40 Tage nach der sogenannten Auferstehung, alle Apostel (ausser Judas) immer noch im Raum des letzten Abendmahls waren: „In Jerusalem angekommen, gingen sie in den großen Raum im Obergeschoss jenes Hauses, das ihnen schon bisher als Treffpunkt gedient hatte.“ *(Apostelgeschichte* 1:13)

Jeder Christ glaubt, dass Jesus für die Sünden der Welt starb. Die Bibel bekräftigt diesen Glauben: „Und derselbe ist die Versöhnung für unsre Sünden, nicht allein aber für die unseren, sondern auch für die der ganzen Welt.“ *(1.Johannes* 2:2). Laut Bibel war es der Wille von Jesu vermeintlichem Vater, dass er für die Sünden der Welt starb, hier spricht Jesus: „…und sprach: Vater, willst du, so nehme diesen Kelch von mir, doch nicht mein, sondern dein Wille geschehe!“ *(Lukas* 22:42)

Jesu Tod folgt nach seiner Verhaftung und verhaftet wird er wegen Judas. Wenn Judas vom Satan besessen wäre, wie es in der Bibel steht, und wenn es Jesu‘ Vater Wille war, dass er verhaftet und umgebracht wurde, warum sollte dann Satan, der „Feind Gottes“, Jesus helfen, verhaftet zu werden?

Nach der Bibel ist Satan ein Stolperstein auf Jesu’ Pfad. Schauen Sie hier: „Jesus drehte sich um zu Petrus und sagte: ‚Gehe hinter mich Satan! Du bist mir ein Stolperstein.‘“ *(Matthäus* 16:23)

Als Judas das Haus verließ, um die Polizei zu alarmieren, ist Jesus so fröhlich wie nie.

Als Judas das Brot erhielt, ging er sofort und es war Nacht.

Darum sagte Jesus, als Judas ging: „Nun ist der Menschensohn glorifiziert und Gott ist glorifiziert in ihm.“ *(Johannes* 13:31)

Wenn Judas vom Satan besessen gewesen wäre, der ein Stolperstein für Jesus war, hätte er nichts getan, was seinen Feind glorifizierte hätte.

Wenn Judas von Satan besessen gewesen wäre und Jesus gekommen wäre um die Menschheit zu retten, warum hätte dann Satan, der Feind der

Menschen, Jesus helfen sollen? Dieses Problem kann nur gelöst werden, wenn Jesus selbst als Satan identifiziert wird. Aber was wirklich geschah, ist dies: Judas war vom Satan besessen und Satan veranlasste Judas etwas zu tun, was eventuell Ruhm für Jesus gebracht hätte. Lassen Sie mich daran erinnern, dass Satan in Judas gefahren ist, als Jesus ihm das Brot gegeben hat, wie oben beschrieben. Bald danach hat Jesus Judas mit den Worten: „Gehe und mache, was du musst, schnell!“ *(Johannes* 13:27) weggeschickt. Nicht einmal drei Stunden später sagte Jesus dreimal: „Mein Vater, ist's nicht möglich, dass dieser Kelch von mir gehe, ich trinke ihn denn, so geschehe dein Wille!“ *(Matthäus* 26:39)

Obwohl er dreimal zu seinem imaginären Vater sagte: „Ich trinke ihn denn, so geschehe dein Wille“, während er am Kreuz war, kurz bevor er seinen Körper verlor, rebellierte er erneut: „Gegen drei Uhr schrie Jesus laut: ‘Eli, Eli, lema sabachtani?“‘ (Das bedeutet: “Mein Gott, mein Gott, warum hast du mich verlassen?“) *(Markus* 15:34)

Man könnte meinen Jesus sei schizophren, weil sich seine Gedanken so drastisch ändern. Doch Fakt ist, Jesus ist nicht schizophren, alles was er sagte und tat, war bewusst.

Zum Beispiel, indem er sagte: „Mein Vater, ist's nicht möglich, dass dieser Kelch von mir gehe, ich trinke ihn denn, so geschehe dein Wille!“, versuchte er seine Apostel emotional zu erpressen. Obwohl er es dreimal versuchte, war er nicht erfolgreich, denn es war Mitternacht und die Apostel schliefen.

Was, wenn Jesus selbst der Satan war, der die Menschen betrügt, indem er den Menschen vorgab, sie zu retten? Dann würde es für Satan nötig sein, das Kreuzigungsdrama zu spielen.

Weiter war es Jesus, der vorhersagte, *(Matthäus* 16:23) was mit ihm geschehen würde in Jerusalem, als Petrus versuchte ihm ein Stolperstein zu sein, und das ist der Grund, warum er Petrus einen Satan nannte.

Nirgends im Text heißt es, dass Petrus vom Satan besessen wurde. Aber wenn Petrus nicht besessen war, warum nannte ihn Jesus dann „Satan“? Der „Satan“, der in Petrus war, wollte nicht, dass Jesus sterben würde. Aber der Satan, der in Judas war, wollte, dass Jesus verhaftet und getötet wurde.

Dies weist darauf hin, dass der „Satan“ in Petrus und der ‚Satan‘, der in Judas war, nicht dieselben waren. Der eine ist ein Hindernis auf Jesu Pfad und der andere pflasterte den Pfad für Jesus.

Wenn Jesus der Sohn Gottes ist, wie kommt es dann dazu, dass da ein Satan ist, der sich wie ein Hindernis auf dem Weg benimmt, während der andere Satan ihm hilft, sein Ziel zu erreichen?

Sie sind zwei total unterschiedliche Entitäten. Das Problem dabei ist: „Satan" ist ein einzigartiges Wesen. Wie kann es da sein, dass die Bibel von zwei unterschiedlichen Satanen spricht?

Es wird in der Bibel ein Teufel erwähnt, der mit Jesus kurz nach seiner Fastenzeit in der Wüste spricht. Lassen Sie mich Ihre Aufmerksamkeit auf diese Konversation richten:

„Danach wurde Jesus vom Geist Gottes in die Wüste geführt, wo er den Versuchungen des Teufels ausgesetzt sein sollte. Vierzig Tage und Nächte lang aß er nichts. Der Hunger quälte ihn. Da kam der Teufel und stellte ihn auf die Probe. Er forderte ihn heraus: „Wenn du Gottes Sohn bist, dann mach aus diesen Steinen Brot!" *(Matthäus* 4:1-3)

Hier haben wir einen Teufel, der Jesus Behauptung, der Sohn Gottes zu sein, in Frage stellt und ihn herausfordert, indem er sagt: wenn du der

Sohn Gottes bist, dann beweise es durch ein Wunder.

Man beachte aber den Widerspruch: „Und wenn ihn die unsauberen Geister sahen, fielen sie vor ihm nieder, schrien und sprachen: ‚Du bist Gottes Sohn!‘“ *(Markus* 3:11)

Also finden wir zwei unterschiedliche Arten von Teufeln in der Bibel. Einen Teufel, der die Gottessohnschaft herausfordert und ein anderer, der schreit, Jesus sei der Sohn Gottes.

Ihre Charaktere sind total anders. Die einen befinden sich in Opposition zu Jesus, während die anderen ihm huldigen. Der Teufel, der in Petrus war, opponiert gegen Jesus, während der andere, der in Judas war, ihm zu Diensten ist.

Das bedeutet eine Spaltung in Satans Reich, d.h. eine Spaltung der Hölle.

Jesus bringt auch Zwiespalt. Jesus selbst erklärt: „Meinet ihr, dass ich hergekommen bin, Frieden zu bringen auf Erden? Ich sage: Nein, sondern Zwietracht.“ *(Lukas* 12:51)

Aber nach Jesu eigenen Worten kann in Satans Königreich keine Spaltung sein. Sehen Sie hier: „Aber die Pharisäer, da sie es hörten, sprachen sie: ‚Er treibt die Teufel nicht anders aus denn durch Beelzebub, der Teufel Obersten.'" *(Matthäus* 12:24) Jesus entgegnet: „So denn ein Satan den andern austreibt, so muss er mit sich selbst uneins sein; wie kann denn sein Reich bestehen? So ich aber die Teufel durch Beelzebub austreibe, durch wen treiben sie eure Kinder aus?" *(Matthäus* 12:26-27)

Die Pharisäer bezichtigten Jesus, nicht von Satan besessen zu sein, sondern vom Beelzebub, dem „Prinz der Dämonen".

Beelzebub ist ein gefallener Erzengel und der Prinz des Teufels, während Satan Luzifer, „der gefallene ***rebellierende*** Erzengel" *(Merriam Webster's)* ist. Der einzigartige Charakter von Luzifer oder Satan ist Rebellion und Auflehnung. Vergiss nicht: Jesus war auch ein Rebell.

Auch wenn er gefallen ist und seinen Status als Engel verloren hat, rebelliert er gegen diese Realität und behauptet, Gott zu sein. Luzifers Mittel dazu ist die sogenannte „Heilige Bibel".

Die Auferstehung: Die Wahrheit

Niemand, der gestorben ist, ist jemals zurückgekommen. Die Bibel aber sagt, dass Jesus diese unmögliche Aufgabe vollbracht hat. Eine Nachprüfung ist deswegen sinnvoll. Es existieren verschiedene Versionen von der Geschichte der Auferstehung. Eine widerspricht der anderen; und sie sind sogar in sich selbst widersprüchlich.

Widerspruch ist ein Kennzeichen von Unwahrheit. Es ist einfacher die Sterne am Himmel als die Lügen in der Bibel zu zählen. Die Geschichte der Auferstehung ist nicht anders. Zuerst möchte ich Ihnen einige der hauptsächlichen Widersprüche, die mit der Geschichte von Jesu' Auferstehung verbunden sind, aufzeigen.

Widerspruch 1

In der Bibel steht, dass Jesus am Sonntagmorgen aus dem Grab auferstanden sei *(Markus* 16:9). Wie viele Leute gingen zu diesem Zeitpunkt wirklich zum Grab?

Wir beginnen mit *Matthäus* 28:1: „Als aber der Sabbat um war und der erste Tag der Woche anbrach, kam Maria Magdalena und die andere Maria, das Grab zu besehen". *Markus* 16:1-2 stimmt nicht mit *Matthäus* überein: „Und da der Sabbat vergangen war, kauften Maria Magdalena und Maria, des Jakobus Mutter, und Salome Spezerei, auf dass sie kämen und salbten ihn. Und sie kamen zum Grabe am ersten Tag der Woche sehr früh, da die Sonne aufging."

Lukas 24:1 stimmt nicht mit *Matthäus* und *Markus* überein: „Aber am ersten Tage der Woche sehr früh kamen sie zum Grabe und trugen die Spezerei, die sie bereitet hatten, und etliche mit ihnen."

Nach Lukas gingen sie mit gewissen anderen zum Grab. Lukas meint Maria Magdalena, Johanna und Maria, die Mutter von Jakobus, wenn er „sie" erwähnt, was später auch in den Versen 9 & 10 aufgeführt ist. Lukas sagt, es war eine Gruppe von Frauen aus den Städten von Galiläa, die zu dem Grab kam, in dem Jesus begraben lag.

Nun zu *Johannes* 20:1: „Am ersten Tag der Woche kommt Maria Magdalena früh, da es noch finster war, zum Grabe und sieht, dass der Stein vom Grabe hinweg war." Johannes widerspricht allen anderen Berichten, indem er sagt, dass nur Maria Magdalena zum Grab ging. Widerspruch ist ein Kennzeichen der Lüge. Wahrheit hat nur eine Version, wohingegen eine Lüge mehrere Versionen haben kann, die sich allerdings gegenseitig widersprechen können, wie in den sogenannten Evangelien.

Widerspruch 2

Warum gingen die Frauen, die Jesus von Galiläa folgten zum Grab??

Nach Matthäus kamen Maria Magdalena und die „andere Maria", die Mutter von Jakobus, um nach dem Grab zu sehen. Matthäus widerspricht sich hier selbst. Er erwähnt in *Matthäus* 27:61, dass diese zwei Frauen das Grab am Freitagabend bei der Beisetzung sahen.

„Es war aber allda Maria Magdalena und die andere Maria, die setzten sich gegen das Grab."

Nach Lukas sahen die Frauen sogar, wie der Leichnam in das Grab gelegt wurde: „Mit Josef gingen auch die Frauen, die Jesus aus Galiläa gefolgt waren. Sie sahen zu, wie man den Toten in das Grab legte." (23:55) Dies war 30 bis 36 Stunden vor dem Besuch früh morgens am Sonntag, wie in *Matthäus* 28:1 erwähnt. Also fand der

Besuch der Frauen nicht statt, um nach dem Grab zu sehen, wie in *Matthäus* angegeben.

Markus sagt: „Nachdem der Sabbat vorüber war, kauften Maria aus Magdala, Salome und Maria, die Mutter von Jakobus, wohlriechende Öle, um den Toten zu salben.“ *(Markus* 16:1)

Dies ist ein Widerspruch zu Matthäus, der nichts dazu sagt, dass die Frauen mit Ölen gingen, um den Leichnam Jesus zu salben, sondern der Grund des Besuches bestand darin, das Grab zu sehen.

Nun zu *Lukas* 24:1: „Aber am ersten Tage der Woche sehr früh kamen sie zum Grabe und trugen die Spezerei, die sie bereitet hatten, und etliche mit ihnen.“ Lukas widerlegt Markus, wenn er sagt, sie gingen zum Grab mit den Ölen, die sie bereiteten und nicht die sie kauften, wie in *Markus* berichtet. Vielleicht sagt Lukas aufgrund der Anzahl von Frauen, die anwesend waren, sie hätten die Öle bereitet!

Nun zu *Johannes:* „Am ersten Tag der Woche kommt Maria Magdalena früh, da es noch finster war, zum Grabe und sieht, dass der Stein vom Grabe hinweg war.“ (20:1) Johannes erwähnt nicht, warum Maria zum Grab ging.

Widerspruch 3

Was sahen Maria Magdalena oder sie und die Frauen oder die Frauen gemeinsam am Grab?

Nach Matthäus: „ … siehe, es geschah ein großes Erdbeben. Denn der Engel des HERRN kam vom Himmel herab, trat hinzu und wälzte den Stein von der Tür und setzte sich darauf. Und seine Gestalt war wie der Blitz und sein Kleid weiß wie Schnee. Die Hüter aber erschraken vor Furcht und wurden, als wären sie tot.“ (28:2-4)

Maria Magdalena und Maria nahmen ein starkes Erdbeben wahr, als der Engel des Herrn vom Himmel herabkam. Wissenschaftlich gesprochen geschieht ein Erdbeben aufgrund einer plötzlichen Verschiebung der Erdplatten unter der Erdoberfläche. Das Erdbeben würde also mehr Sinn machen, wenn der Engel von der Hölle aufgestiegen wäre.

Wenn ein starkes Erdbeben die Folge eines vom Himmel herabkommenden Engels wäre, dann sollte bei jedem herabkommenden Engel ein Erdbeben die Folge sein. Wir gehen weiter zu *Lukas* Kapitel 1, wo die Erscheinung eines anderen Engels erwähnt ist: „Und im sechsten Monat ward der Engel Gabriel gesandt von Gott in eine Stadt in Galiläa, die heißt Nazareth, zu einer Jungfrau, die vertraut war einem Manne mit Namen Josef, vom Hause David: und die Jungfrau hieß Maria. Und der Engel kam zu ihr hinein und sprach: Gegrüßet seist du, Holdselige! Der Herr ist mit dir, du Gebenedeite unter den Weibern!“ (26-28) Diesen Engel soll Gott vom Himmel gesandt haben, doch kein Erdbeben war bei diesem Ereignis die Folge.

Ein starkes Erdbeben hat die Stärke acht oder höher auf der Skala von Richter-Gutenberg, was riesigen Schaden in einem großen Umkreis anrichten kann. Wenn dort wegen des Engels, der vom Himmel nach Golgatha vor das Grab von Jesus herabkam, ein starkes Erdbeben war, dann hätte sich der runde Stein, der Josef von Arimathäa vor den Eingang gerollt hatte, durch die Erschütterung des Bebens vom Eingang wegbewegen müssen. Die Bibel sagt, dass sich das Erdbeben genau vor dem Grab ereignete und der Stein, der den Eingang versperrte, blieb dort unbewegt, bis der Engel ihn wegrollte!

Matthäus 28:4: „Die Wachposten stürzten vor Schrecken zu Boden und blieben wie tot liegen“. Die Wachen zitterten nicht wegen des Erdbebens, sondern wegen ihrer Angst vor dem Engel. Wenn die Männer so ängstlich waren, dass sie wie tot erschienen, was wäre dann mit den Frauen gewesen? Nach Matthäus sprach der Engel sogar zu den Frauen, und diese versetzte er nicht wie die Männer in Panik.

Matthäus 28:5-7: „Der Engel wandte sich an die Frauen: ‚Fürchtet euch nicht! Ich weiß, dass ihr Jesus, den Gekreuzigten, sucht. Er ist nicht mehr hier. Er ist auferstanden, wie er es vorhergesagt hat. Kommt und seht euch die Stelle an, wo er gelegen hat. Dann beeilt euch, geht zu seinen Jüngern und sagt ihnen, dass Jesus von den Toten auferstanden ist. Er wird euch nach Galiläa vorausgehen, und dort werdet ihr ihn sehen. Diese Botschaft soll ich euch ausrichten.'" All dies geschah während die Männer erzitterten und zu Tode erstarrt waren.

Nun zu *Markus* 16:3-7: „Und sie sprachen untereinander: Wer wälzt uns den Stein von des Grabes Tür? Und sie sahen dahin und wurden gewahr, dass der Stein abgewälzt war; denn er war sehr groß. Und sie gingen hinein in das Grab und sahen einen Jüngling zur rechten Hand sitzen, der hatte ein langes weißes Kleid an; und sie entsetzten sich. Er aber sprach zu ihnen: ‚Entsetzt euch nicht! Ihr sucht Jesus von Nazareth, den Gekreuzigten; er ist nicht hier. Siehe da die Stätte, da sie ihn hinlegten! Gehet aber hin und sagt's seinen Jüngern und Petrus, dass er vor euch hingehen wird nach Galiläa, da werdet ihr ihn sehen, wie er gesagt hat.'"

Und wieder widerspricht Markus Matthäus, der eine völlig andere Geschichte erzählt. Wie konnte Markus das Erdbeben, das in *Matthäus* erwähnt ist und die ganze Region erschüttert haben soll, auslassen?

Markus sagt in 16:4: „Und sie sahen dahin und wurden gewahr, dass der Stein abgewälzt war." Sie sahen weder einen Engel, der herab kam und den Stein wegrollte, noch sahen sie Wachen. So traten sie hinein in das Grab und sahen einen jungen Mann an der rechten Seite sitzen, der ihnen in etwa dasselbe erzählte wie der Engel, der in *Matthäus* sprach.

Nun zu *Lukas* 24:2-7: „Sie fanden aber den Stein abgewälzt von dem Grabe und gingen hinein und fanden den Leib des HERRN Jesu nicht. Und da sie darum bekümmert waren, siehe, da traten zu ihnen zwei Männer mit glänzenden Kleidern. Und sie erschraken und schlugen ihre Angesichter nieder zur Erde. Da sprachen die zu ihnen: ‚Was suchet ihr den Lebendigen bei den Toten? Er ist nicht hier; er ist auferstanden. Gedenket daran, wie er euch sagte, da er noch in Galiläa war und sprach: Des Menschen Sohn muss überantwortet werden in die Hände der Sünder und gekreuzigt werden und am dritten Tage auferstehen.'"

Nach Markus sahen die Frauen einen Mann, als sie das Grab betraten. Nach Lukas sahen die Frauen niemanden, als sie das Grab betraten. Da eine Erzählung der anderen widerspricht, sind die Erzählungen von Markus oder Matthäus Lügen. Doch beide können nicht wahr sein. Abschließend wenden wir uns Johannes zu, dem geliebten Jünger von Jesus: „Am ersten Tag der Woche kommt Maria Magdalena früh, da es noch finster war, zum Grabe und sieht, dass der Stein vom Grabe hinweg war. Da läuft sie und kommt zu Simon Petrus und zu dem andern Jünger, welchen Jesus liebhatte, und spricht zu ihnen: ‚Sie haben den HERRN weggenommen aus dem Grabe, und wir wissen nicht, wo sie ihn hingelegt haben.' Da ging Petrus und der andere Jünger hinaus zum Grabe. Es liefen aber die zwei miteinander, und der andere Jünger lief zuvor, schneller denn Petrus, und kam am ersten zum Grabe, guckt hinein und sieht die Leinen gelegt; er ging aber nicht hinein." *(Johannes* 20:1-5)

Nach Johannes, dem Jünger, den Jesus angeblich liebte, betrat Maria Magdalena am Sonntag vor Sonnenaufgang nicht das Grab, in das Jesu Körper gelegt wurde. Auch sah sie beim Eingang keinen Engel auf dem Stein sitzen, was mit den der Evangelien von Markus und Lukas nicht übereinstimmt.

Widerspruch 4

Was machte sie oder die anderen nach dem Besuch des Grabes?

Matthäus sagt in 28:8-10 & 16 „Erschrocken liefen die Frauen vom Grab weg. Gleichzeitig erfüllte sie unbeschreibliche Freude. Sie wollten sofort den Jüngern alles berichten, was sie erlebt hatten. Sie waren noch nicht weit gekommen, als Jesus plötzlich vor ihnen stand. „Seid gegrüßt!", sagte er. Da fielen sie vor ihm nieder und umklammerten seine Füße. Jesus beruhigte sie: „Fürchtet euch nicht! Geht, sagt meinen Brüdern, sie sollen nach Galiläa kommen! Dort werden sie mich sehen." (28:8-10) „Aber die elf Jünger gingen nach Galiläa auf einen Berg, dahin Jesus sie beschieden hatte." (28:16)

Aber Markus widerspricht in 16:8 Matthäus direkt: „Da flohen die Frauen aus dem Grab und liefen davon. Angst und Entsetzen hatte sie erfasst. Sie redeten mit niemandem darüber, so erschrocken waren sie."

Nun zu *Lukas* 24:8-9: „Und sie gedachten an seine Worte. Und sie gingen wieder vom Grabe und verkündigten das alles den Elfen und den andern allen.“ Die Erzählung von Lukas stimmt mit der von Matthäus überein, aber nicht mit der von Markus.

Zum Schluss der Jünger, den Jesus liebte. Seine Erzählung stimmt mit keiner der oben genannten überein, *Johannes* sagt in 20:2: „Da läuft sie und kommt zu Simon Petrus und zu dem andern Jünger, welchen Jesus liebhatte, und spricht zu ihnen: ‚Sie haben den HERRN weggenommen aus dem Grabe, und wir wissen nicht, wo sie ihn hin gelegt haben.‘“

Die Evangelien stehen also im Hinblick auf die Geschichte der Auferstehung Jesu im Widerspruch zueinander. Es ist eine Schande, dass Gläubige die vier Evangelien als von Gott inspirierte Werke betrachten. Wären dies göttliche Werke, so würden sie sich nicht in vielerlei Hinsicht widersprechen. Aber die einfache Wahrheit ist, dass sich die Werke nicht nur gegenseitig widersprechen, sondern auch in sich selbst widersprüchlich sind.

Widerspruch 5

Wo begegnete Jesus seinen Aposteln und den anderen Jüngern nach seiner Auferstehung?

Nach Matthäus erschien Jesus den Frauen, bevor sie die Nachricht den Jüngern überhaupt mitteilen konnten, auch wenn der Engel ihnen sagte, sie würden Jesus in Galiläa sehen. „Und sie gingen eilend zum Grabe hinaus mit Furcht und großer Freude und liefen, dass sie es seinen Jüngern verkündigten. Und da sie gingen seinen Jüngern zu verkündigen, siehe, da begegnete ihnen Jesus und sprach: Seid gegrüßet!“ (28: 8-9)

Nun zu *Markus:* Kapitel 16 hat zwei widersprüchliche Versionen der Geschichte der Auferstehung. Die erste endet mit dem Vers 8: „Da flohen die Frauen aus dem Grab und liefen davon. Angst und Entsetzen hatte sie erfasst. Sie redeten mit niemandem darüber, so erschrocken waren sie.“

In *Markus* wird mit einer Anmerkung der Kirche an den Leser fortgefahren: „Die ältesten vertrauenswürdigen Manuskripte und andere sehr alte Zeugnisse beinhalten *Markus* 16:9-20 nicht.“

Das sagt uns erstens, dass das Evangelium von *Markus* aus mehreren Manuskripten besteht. Warum sollte Markus mehrere Manuskripte vom selben Buch erstellen? Auch wenn er dies aus irgendeinem seltsamen Grund tat, wie können sich seine Manuskripte gegenseitig widersprechen? Ist es, weil er von Dingen schreibt, denen er sich nicht sicher ist und deshalb zwei verschiedene Versionen bringt? Wenn der Autor selbst nicht sicher ist, was er schreibt, wie können wir seinen Worten dann Glauben schenken?

Umgekehrt werden die Bücher der Bibel als inspirierte Äußerungen Gottes wahrgenommen, deswegen der Titel „Gottes Wort". Dieser Titel ist für das Buch „jüdische Sprichwörter", das sich genau in der Mitte der Bibel befindet, so oder so unangebracht.

Was will ein guter Gott erzielen, wenn er Markus dazu inspiriert, Kapitel 16 bis Vers 8 und später Vers 9-20 zu schreiben, die sich widersprechen? Wie auch immer: Diese Frage liegt außerhalb des Bereiches dieses Kapitels. Hier diskutieren wir die Auferstehung von Jesus und ähnliche Angelegenheiten.

Markus 16:9-10 sagt: „Jesus war frühmorgens am ersten Tag der Woche von den Toten auferstanden und erschien zuerst der Maria aus Magdala, die er von sieben Dämonen befreit hatte. Sie lief zu den Jüngern, die um Jesus trauerten und weinten."

In Vers 10 des unzuverlässigen Manuskriptes ging Maria Magdalena und verkündete es denen, die mit Jesus gewesen waren. Aber die alten vertrauenswürdigen Manuskripte erzählen genau das Gegenteil in Vers 8.

Wenn dies die vertrauenswürdige Version ist, dann sind die anderen von Matthäus, Lukas und Johannes Lügen. Da sie sagen, die Frauen gingen und erzählten alles den Aposteln, mit anderen Worten: denen, die mit ihm waren.

Matthäus 27: 57-61: „Am Abend kam ein reicher Mann aus Arimathäa. Er hieß Josef und war ein Jünger Jesu. Er ging zu Pilatus und bat ihn um den Leichnam Jesu. Pilatus befahl, diese Bitte zu erfüllen. Josef nahm den Toten, wickelte ihn in ein neues Leinentuch und legte ihn in das Grab, das er für sich selbst in einen Felsen hatte hauen lassen. Dann wälzte er einen großen Stein vor den Eingang des Grabes und ging fort. Maria aus Magdala und die andere Maria waren auch dabei. Sie blieben beim Grab sitzen."

Der Ort, wo Jesus gekreuzigt wurde, Golgota, liegt auf einem Hügel: „Als sie aber aufblickten, sahen sie, dass der Stein, obwohl er sehr groß war, weggewälzt war.“ *(Markus* 16:4)

Noch bevor wir mit der Untersuchung begonnen haben, haben wir viele Widersprüche gefunden.

Wie kommt es, dass es Widersprüche in den „Worten Gottes” oder in den „inspirierten Ausdrücken” gibt? Der Geist, der Lukas inspiriert hat, hat auch Johannes inspiriert und trotzdem widersprechen sich deren Formulierungen. Das heißt, sie waren von einem Geist besessen, von einem lügenden Geist und nicht Heiligen Geist, wie es die Bibel behauptet.

Eine Untersuchung hat viel damit zu tun, Fragen zu stellen und Antworten zu finden. Wir werden deshalb viele Fragen aufwerfen. Lasst uns mit einer einfachen Frage beginnen.

Wie erhielt dieser Ort den Namen „Ort der Schädel“? Um dies herauszufinden, stellen wir uns einige Fragen.

Warum heißt es: Kühn ging Josef von Arimathäa zu Pilatus und bat um den Leichnam Jesu? Dies weist darauf hin, dass es unüblich war, den Körper eines verurteilten, gekreuzigten Kriminellen den Angehörigen zu übergeben. Die Angehörigen des Kriminellen zeigen für gewöhnlich nicht den Mut sich an die Autorität zu wenden, um den Leichnam zu erhalten. Als Jesus gekreuzigt wurde, waren dort noch zwei andere mit ihm gekreuzigt worden. Was geschah mit den Leichnamen dieser beiden Kriminellen? Diese Leichname mussten von Tieren oder Vögeln gefressen worden sein. In der Nacht von Freitag auf Samstag von Tieren, wenn die Körper von den Kreuzen herunter genommen wurden oder am Samstagmorgen von Geiern, wenn die Körper an den Kreuzen gelassen wurden. Wie Jesus sagte „Wo das As ist, da sammeln sich die Geier.“ *(Matthäus* 24:28)

Tiere und Vögel fressen nur das Fleisch, einige kauen auch die Knochen, aber der Schädel wird in Golgota übrig bleiben, dem Ort der Schädel. Deshalb muss der Ort diesen Namen erhalten haben. Dieser Name weist auf nichts anderes hin als auf die Angst, die die Menschen vor diesem Ort hatten. Da war nicht nur ein neues Grab, sondern auch ein Garten am Ort der Schädel. Das Grab war also im Garten *(Johannes* 19:41). Das Grab befand sich im Garten und der Garten am Ort der Schädel.

Ein Garten ist eine Fläche, auf der Kräuter, Früchte, Blumen oder Gemüse gepflanzt werden. Oder ein Garten ist ein öffentliches Erholungsgebiet, oder ein Park üblicherweise verziert mit Pflanzen und Bäumen. Es ist unwahrscheinlich, dass jemand Gemüse oder Früchte auf dem Hügel am Ort der Schädel pflanzt. Es ist noch unwahrscheinlicher, dass ein öffentliches Erholungsgebiet verziert mit Bäumen, neben einem Gelände der Kreuzigung steht. Niemand würde sich gerne zwischen Schädel setzen, um sich zu erholen. So dann: Wie kommt ein Garten an den Ort der Schädel?

Nehmen wir an, dass der reiche Mann Josef von Arimathäa für Monate auf dem Hügel arbeitete, um aus einem Stein ein Grab zu formen. Leute, die vorbeikamen, hätten ihn als anerkanntes Mitglied des jüdischen Rates *(Lukas* 23:50) erkannt, während er in Golgota hart arbeitete, am Ort der Schädel. Um dieses Problem zu vermeiden, schuf er zuerst einen Garten um den Stein herum. Dies ist der Hauptgrund, doch es gibt noch mehrere andere Gründe.

In diesem Garten erschien Maria Magdalena der verkleidete Jesus, und sie dachte, er sei ein Gärtner. Außerhalb dieses Gartens befindet sich das Gelände, wo die Römer die Kriminellen zu kreuzigen pflegten. Es besteht die Möglichkeit, dass jeden Monat am Ort der Schädel die Kreuzigungen zur Schau gestellt wurden und die Leute von

Jerusalem sich dort versammelten, um dies direkt zu sehen. Da die Arbeit am Grab Monate gedauert haben könnte, ist es wahrscheinlich, dass die Beobachter der Kreuzigungen den Bau des Grabes bemerkt haben. Mit diesem Garten um das Grab herum löste Josef von Arimathäa oder der Dämon der über ihn verfügte, das oben genannte Problem geschickt.

Wir haben zwei andere Probleme mit dieser Theorie. **1.** Hätten die Leute nicht bemerkt, wie Josef von Arimathäa zum Ort der Schädel ging? **2.** Was wäre mit dem Geräusch, das von der Arbeit am Stein entstanden wäre? Bestimmt hätten die Leute Josef von Arimathäa bemerkt, wenn er tagsüber nach Golgota ging. Ging er jedoch im Dunkeln und verkleidet, hätten die tief schlafenden Leute ihn nicht gesehen. Auch wenn ihn jemand gesehen hätte, hätte dieser Josef von Arimathäa nicht erkannt, da er verkleidet war. Dazu kommt, dass er zum Ort der Schädel ging, wohin die Leute aus Angst normalerweise nicht einmal tagsüber hingingen.

Wenn jemand mit einem Meißel und einem Hammer einen Stein bearbeitet, dann entsteht zweifellos ein Geräusch. Solch ein Geräusch kann noch weit davon entfernt wahrgenommen werden, vorausgesetzt, es wird in normaler Geschwindigkeit gearbeitet. Aber was, wenn Josef im Anfangsstadium ungewöhnlich langsam arbeitete? Dann gäbe es kein Problem aufgrund des Geräusches. Stellen wir uns vor, der geheime Jünger schlug zuerst den großen Block aus dem Stein, meißelte dann einen bis zwei Meter in den Stein, verschloss den Eingang mit dem Block und konnte dann drinnen sicher weiterarbeiten.

Manch einer wundert sich vielleicht, wie Josef von Arimathäa in der Dunkelheit und mit so wenig Sauerstoff in dem kleinen Raum arbeiten könnte. Licht wird eigentlich nur für die Bearbeitung des Blockes benötigt, danach ist es möglich, ohne Licht fortzufahren. Zudem befindet er sich auf dem Hügel im Garten, er kann den Block immer wieder entfernen, um den Fortschritt seiner Arbeit zu sehen und gleichzeitig ist das Problem des Sauerstoffs ebenfalls gelöst. Je größer das Grab wird, desto geräumiger und angenehmer wird es für ihn, mit seiner Arbeit bei verschlossenem Eingang fortzufahren.

Warum überhaupt sollte Josef von Arimathäa, ein reicher Mann und bekanntes Mitglied des jüdischen Rates, das Grab am Ort der Schädel errichten, wo die meist berüchtigten Kriminellen mit dem Tode bestraft wurden? Die Bibel sagt, dass Josef von Arimathäa, ein geheimer Jünger von

Jesus, das Grab schuf, in das Jesu Körper gelegt wurde. Wenn dieses Grab nicht gemacht worden wäre, hätte die ganze Geschichte der Auferstehung nicht geschehen können.

Es ist möglich, dass er beabsichtigte, ein Grab für seine älteren Familienmitglieder zu schaffen. Doch dann hätte er dies nicht am Ort der Schädel getan. Darüber hinaus ist er ein reicher Mann und hätte jemanden engagiert, um das Grab zu errichten. Aber das Grab, in das Jesu Leichnam gelegt wurde, wurde von Josef von Arimathäa geschaffen: „und legte ihn in seine neue Gedächtnisgruft, die er im Felsen ausgehauen hatte." *(Matthäus* 27:60) Das Grab war neu, das heißt gerade erst fertiggestellt, vielleicht sogar nur ein oder zwei Tage vor Jesu Kreuzigung.

Selbst wenn Josef von Arimathäa reich war, war er ein Jünger Jesu und er wartete auf das Königreich des Himmels. Gemäß Jesu Worten „Und weiter sage ich euch: Es ist leichter, dass ein Kamel durch ein Nadelöhr gehe, denn dass ein Reicher ins Reich Gottes komme." *(Matthäus* 19:24)

Warum sagte Jesus dem reichen Mann von Arimathäa nicht: „So gehe hin, verkaufe, was du hast, und gib's den Armen, so wirst du einen Schatz im Himmel haben; und komm und folge mir nach!“, wie er es dem reichen Mann in *Matthäus* 19:21 sagte? Die Antwort ist einfach: Außer Jesus wusste niemand, dass Josef sein Jünger war. Tatsächlich war er nicht nur ein geheimer Jünger von Jesus, sondern schuf im Geheimen einen Garten mit einem Grab darin.

Obschon er ein Jünger von Jesus war, wusste niemand der anderen Mitglieder des jüdischen Rates darüber Bescheid. Das zeigt, wie geschickt Jesu Plan war.

Im Übrigen waren es Maria und Josef, ohne die eine Geburt Jesu nicht möglich gewesen wäre. Sie standen auch gewissermaßen Pate bei der zweiten Geburt, der Auferstehung von Jesus.

Erst als der Abend heranbrach, erschien Josef von Arimathäa in Golgota. Es ist zu erwähnen, dass Jesus um drei Uhr nachmittags am Kreuz starb. Josef von Arimathäa kam erst vor Ort, als die Leute von Golgota nach Hause zurückgekehrt waren. Er tat dies um sicherzugehen, dass niemand von seiner Jüngerschaft erfahren würde. Er kam zuerst nach Golgota und ging dann zu Pilatus, um den Leichnam zu erbitten: „Am Abend kam ein reicher Mann aus Arimathäa. Er hieß Josef und war ein Jünger Jesu. Er ging zu Pilatus und bat ihn um den Leichnam Jesu.“ *(Matthäus* 27:57-58)

Er nahm den Körper vom Kreuz, tat seine Arbeit und verschwand. Nun, da war noch Nicodemus, ein anderer geheimer Jünger von Jesus, der ihn in der Nacht besuchte, ebenfalls ein Mitglied des jüdischen Rates. Auch er kam, als der Abend heranbrach, nachdem die jüdische Ansammlung Jesu Leichnam mit Parfümen gesalbt hatte und Golgota verließ. *(Johannes* 19:39-42) Allerdings ist es schwierig für einen Mann, einen Körper, der ans Kreuz genagelt ist, herunter zu nehmen. Aber Josef von Arimathäa war nicht alleine, Nikodemus begleitete ihn.

Da alle vier Evangelien von der Auferstehung Jesu widersprüchlich Bericht erstatten und da Johannes der vermeintlich geliebte Jünger von Jesus ist und er als Erster von Maria hörte, dass der Körper von Jesus heruntergenommen wurde, schauen wir uns diese Version der Geschichte an. Bei *Johannes* 20 heißt es: „Am ersten Tag nach dem Sabbat, noch vor Sonnenaufgang, ging Maria aus Magdala zum Grab. Da sah sie, dass der Stein nicht mehr vor dem Eingang des Grabes lag. Sofort lief sie zu Simon Petrus und dem anderen Jünger, den Jesus liebte. Aufgeregt berichtete sie ihnen: ‚Sie haben den Herrn aus dem Grab geholt, und wir wissen nicht, wohin sie ihn gebracht haben!'" (1-2)

Wer entfernte den Stein vom Eingang?

Da der Leichnam Jesu sich nicht im Grab befand, gibt es nur zwei Möglichkeiten.

1. Jemand begab sich ins Grab, um Jesu Leichnam herauszunehmen, so wie Maria dies Petrus und Johannes erzählte. **2.** Jemand wollte das Grab verlassen.

Das Grab konnte nur Jesus mit seinem toten Körper verlassen, der sich dort befand. Analysieren wir die Möglichkeiten. Stellen wir uns vor, Jesus erwachte mitten in der Nacht des Freitags, nur wenige Stunden nachdem sein Leichnam dort hingelegt wurde. Er war auferstanden mit seinem Körper, der ins Grab gelegt wurde, und mit diesem Körper schaffte er den Stein zur Seite und verließ das Grab.

Wäre Jesus wirklich mit seinem Körper auferstanden, dann hätte er den oberen Raum, wo sich seine Jünger aus Angst vor den Juden eingeschlossen hatten, nicht betreten können, da die Türen von innen abgeschlossen waren. *Johannes* 20:19 jedoch sagt: „Am Abend aber desselben ersten Tages der Woche, da die Jünger versammelt und die Türen verschlossen waren aus Furcht vor den Juden, kam Jesus und trat mitten ein." Könnte Jesus einen Raum trotz verschlossener Türen betreten, dann könnte er auch ein verschlossenes Grab, ohne den Eingangsstein zu entfernen, verlassen. Da die Bibel sagt, der Stein sei zur Seite gerollt gewesen, steht nun fest, dass dies von außen her geschah. Das heisst, dass jemand das Grab betreten hat, nachdem Josef von Arimathäa und Nikodemus den Leichnam von Jesus ins Grab gelegt und den Eingang desselben verschlossen hatten.

Daraus kann geschlossen werden, dass Jesus nicht mit seinem Körper auferstanden war und somit muss der Körper vernichtet worden sein. Wer tat dies? Wie und wann wurde dies gemacht? Wenn Jesu Körper vernichtet wurde, wie erschien er dann seinen Aposteln? Diese Fragen bearbeiten wir auf den folgenden Seiten.

Maria rannte zu Petrus und Johannes, als sie sah, dass der Stein weggerollt war und sagte: „Sie haben den Körper aus dem Grab genommen." Warum sagte sie nicht, dass der Stein vom Eingang weggerollt war? Auch wenn sie keinen Schritt ins Grab machte, um sicher zu gehen, dass der Körper entfernt wurde, war sie sicher in der

Annahme, dass der Körper nicht mehr im Grab war.

Maria Magdalena könnte nur dann wissen, dass der Leichnam Jesu entfernt worden war, wenn sie dabei geholfen hätte, ihn verschwinden zu lassen. In der Tat gibt die Bibel reichlich Anhaltspunkte in diese Richtung. Wenn Jesus von Galiläa nach Jerusalem kam folgten ihm viele Frauen: „Und es waren viele Weiber da, die von ferne zusahen, die da Jesus waren nachgefolgt aus Galiläa und hatten ihm gedient; unter welchen war Maria Magdalena und Maria, die Mutter der Kinder des Zebedäus." *(Matthäus* 27:55-56)

Sogar am Freitagnachmittag, als er gestorben war und bevor die Ansammlung von Leuten zurückkehrte, waren dort Frauen, die Jesus gefolgt waren, um sich um seine Bedürfnisse zu kümmern. Für Jesus gab es keine größere Notwendigkeit als seinen Körper verschwinden zu lassen, da er dies, nachdem er ihn am Kreuz verloren hatte, nicht selbst erledigen konnte.

Wenn der Leichnam von Jesus von einer der Frauen, die ihm von Galiläa gefolgt waren, beseitigt worden wäre, dann hätte Jesus, solange die Frau lebte, in konstanter Angst davon leben müssen, dass die Frau es den Aposteln verraten würde. Deshalb hätte Jesus niemanden angestellt, der bei den Aposteln oder einem anderen Anhänger aus Galiläa bekannt war, um diese Untat durchzuführen.

So ist die oben erwähnte Schrift, welche die Frauen von Galiläa als Mitwirkende der Untat beschreibt, durch das gerissene Bestreben eines Superkriminellen, der versucht den Prüfer in die Irre zu führen, widerlegt.

Schauen wir uns kurz an, wie Josef von Arimathäa und Nikodemus im Dunkeln zum Ort der Schädel kamen.

Johannes 19:38-42 „Darnach („wenn der Abend heranbrach“, gemäß *Matthäus* 27:57) bat den Pilatus Josef von Arimathäa, der ein Jünger Jesu war, doch heimlich aus Furcht vor den Juden, dass er möchte abnehmen den Leichnam Jesu. Und Pilatus erlaubte es. Da kam er und nahm den Leichnam Jesu herab. Es kam aber auch Nikodemus, der vormals in der Nacht zu Jesus gekommen war, und brachte Myrrhe und Aloe untereinander bei hundert Pfunden. Da nahmen sie den Leichnam Jesu und banden ihn in leinene Tücher mit den Spezereien, wie die Juden pflegen zu begraben. Es war aber an der Stätte, da er gekreuzigt ward, ein Garten, und im Garten ein neues Grab, in welches niemand je gelegt war. Dahin legten sie Jesus um des Rüsttages willen der Juden, dieweil das Grab nahe war."

Josef von Arimathäa und Nikodemus haben gewisse Dinge gemeinsam:

Sie waren geheime Jünger von Jesus. Sie waren Mitglieder des vorherrschenden jüdischen Rates oder Sanhedrin, mit anderen Worten: Sie gehörten zu den jüdischen Geschworenen. Sie beide erschienen am Abend am Ort der Schädel, nachdem sich die Ansammlung der Leute aufgelöst hatte. Sie waren die beiden Männer, die den Leichnam von Jesus in das Grab gelegt hatten.

Johannes erwähnt nicht, dass Josef derjenige ist, der das Grab schuf. Doch Johannes sagt: „… dort ist ein Garten mit einem neuen Grab." Weshalb wissen Josef von Arimathäa und Nikodemus vom neuen Grab im Garten am Ort der Schädel? Wenn Josef von Arimathäa nichts von diesem neuen Grab im Garten gewusst hätte, warum ging er dann abends zu Pilatus, um die Genehmigung zu erlangen, Jesu Leichnam herunter zu nehmen?

Da beide Juden waren und Angst vor ihrer Entlarvung als Anhänger Jesu hatten, wussten die beiden gewiss nichts voneinander. Anders gesagt: Josef von Arimathäa wusste nicht, dass Nikodemus ein Anhänger von Jesus war und umgekehrt.

Wenn Nikodemus nicht wusste, dass Josef von Arimathäa ein Anhänger von Jesus war, dann konnte er auch nicht wissen, dass Josef zu Pilatus ging. Wenn ein Jude wüsste, dass sich Josef von Arimathäa im Zusammenhang mit Jesus von Nazareth an Pilatus wandte, dann hätte Josef Probleme bekommen. Deshalb würde Josef Nikodemus, einen Juden, nicht über seinen geheimen Plan informieren.

Worin bestand Josefs Vorhaben mit dem Leichnam, als ihm Pilatus erlaubte, den Leichnam zu nehmen? Dieses Problem bezeugt, dass Josef von Arimathäa vom neuen Grab im Garten gewusst hatte, da er am Freitagabend zu Pilatus in Jerusalem ging, um ihn um Erlaubnis zu bitten, den Leichnam herunter zu nehmen. Anschließend ging er noch am selben Abend zum Ort der Schädel.

Nun zu Nikodemus. Warum kam er alleine im Dunkeln mit einer Last von hundert Pfund? Wusste er nicht, dass Jesu Körper mit großen Nägeln an das Kreuz geschlagen war und es fast unmöglich war, diesen alleine herunter zu nehmen? Oder dachte er daran, den Körper einzuölen, während er noch am Kreuze hing?

Johannes ist der Einzige, der Nikodemus als Gehilfen von Josef von Arimathäa beim Begräbnis des Leichnams erwähnt. Wenn alle anderen im Gegensatz zu Johannes die Wahrheit erzählen, wie konnte dann Josef von Arimathäa den Leichnam von Jesus alleine vom Kreuz nehmen? Dies unterstreicht die Aussage von Johannes, der sagt, Josef hatte einen Gehilfen, was die anderen Evangelien einfach verdrängen.

Da ja Nikodemus und Josef nicht zusammen kamen, und Josef derjenige war, der zu Pilatus ging, warum brachte dann Nikodemus 45 kg Gewürze, um den Leichnam zu salben? Wenig Sinn macht auch das, was Josef von Arimathäa tut. Doch zusammen würden sie die Dinge erreichen. Diese absonderliche Koordination führt zu einem Genie, welches das gesamte Geschehen kontrolliert. Hier ist zu sagen, dass sie in einem psychischen Zustand waren, in dem ihre individuelle gewöhnliche Persönlichkeit durch eine andere ersetzt war. Mit anderen Worten: Sie waren besessen.

Von wem waren sie besessen? Wer profitiert, wenn Nikodemus und Josef besessen sind? Es ist kein anderer als Jesus, denn es ist Jesus selbst, der von Josef und Nikodemus Besitz ergriff.

Das erklärt, warum Nikodemus und Josef sich als Anhänger von Jesus nicht kannten. Josef ging nach Jerusalem zu Pilatus und als er im Dunkeln zum Ort der Schädel kam, erreichte Nikodemus mit Parfümen den Ort der Schädel.

Als sie zum Ort der Schädel kamen, wartete eine Überraschung im Dunkeln auf sie. Die Überraschung war nichts anderes als eine Gruppe von Frauen aus Galiläa. Wir haben hier einige Probleme: Warum verblieben diese Frauen am Ort der Schädel, nachdem alles vorüber war und die versammelten Leute zu ihren Häusern zurückgekehrt waren? Warteten sie auf Josef und Nikodemus? Oder war die Ankunft von Josef und Nikodemus ein Schock für sie?

Nehmen wir die Frauen, die Jesus von Galiläa zum Ort der Schädel, dem Ort seiner Kreuzigung gefolgt waren, unter die Lupe. *Lukas* 23:48-49: „Und alles Volk, das dabei war und zusah, da sie sahen, was da geschah, schlugen sich an ihre Brust und wandten wieder um. Es standen aber alle seine Bekannten von ferne und die Weiber, die ihm aus Galiläa waren nachgefolgt, und sahen das alles."

Als die Ansammlung der Leute den Ort der Schädel verließ, beobachteten die Frauen von Galiläa dies aus der Entfernung. Als jedoch der Abend anbrach, waren nur noch zwei Frauen anwesend, die dem Grab gegenüber saßen, während Josef von Arimathäa und Nikodemus den Leichnam ins Grab legten: „und legte ihn in sein eigenes Grab, welches er hatte lassen in einen Fels hauen, und wälzte einen großen Stein vor die Tür des Grabes und ging davon. Es war aber allda Maria Magdalena und die andere Maria, die setzten sich gegen das Grab.“ *(Matthäus* 27:60-61)

Dieses Grab befand sich im Garten, das heißt, Maria Magdalena und die andere Maria saßen im Garten. Es besteht also auch die Möglichkeit, dass sie die Kreuzigung Jesu von diesem Garten aus beobachteten, versteckt hinter den Bäumen. Da sie Frauen aus Galiläa waren, wussten sie nicht, dass Josef von Arimathäa und Nikodemus geheime, reiche Anhänger von Jesus waren. Als der Abend hereinbrach, verließ einer nach dem anderen den Ort, nur Maria Magdalena und Maria, die Mutter von Jakobus blieben zurück. Doch die Frauen wussten nicht, was zu tun ist. Auch wenn sie sich gewünscht hätten, den Körper Jesu vom Kreuz zu nehmen, hätten sie dies aufgrund der Nägel nicht geschafft. Ohne angemessenes Werkzeug wäre es für sie unmöglich gewesen, den Leichnam herunter zu nehmen. Sie hörten, wie sich Josef und Nikodemus dem Ort der Schädel näherten. Da die Frauen Anhänger des Verurteilten waren, versteckten sie sich aus Angst im Dunkeln hinter den Bäumen und beobachteten weiterhin das Geschehen. Sie sahen wie Josef und Nikodemus den Leichnam vom Kreuz heruntemahmen. Wie in *Johannes* geschrieben steht: „Es kam aber auch Nikodemus, der vormals in der Nacht zu Jesus gekommen war, und brachte Myrrhe und Aloe untereinander bei hundert Pfunden. Da nahmen sie den Leichnam Jesu und banden ihn in leinene Tücher mit den Spezereien, wie die Juden pflegen zu begraben. Es war aber an der Stätte, da er gekreuzigt ward, ein Garten, und im Garten ein neues Grab, in welches niemand je gelegt war. Dahin legten sie Jesu um des Rüsttages willen der Juden, dieweil das Grab nahe war." (19:39-42) Die Fortsetzung ist in *Matthäus* zu finden: „ … und legte ihn in sein eigenes Grab, welches er hatte lassen in einen Fels hauen, und wälzte einen großen Stein vor die Tür des Grabes und ging davon." (27:60)

Maria Magdalena und Maria, die Mutter von Jakobus, kamen aus ihrem Versteck, als sie davon überzeugt waren, dass Josef und Nikodemus den Ort verlassen hatten.

Die Fortsetzung in *Lukas* lautet: „Es folgten aber die Weiber nach, die mit ihm gekommen waren aus Galiläa, und beschauten das Grab und wie sein Leib gelegt ward.“ (23:55)

Stellen wir uns vor:

Wenige Stunden später, sehr wahrscheinlich gegen Mitternacht, nachdem Josef von Arimathäa und Nikodemus, besessen von den Dämonen Jesu, den Leichnam ins Grab gelegt hatten, kehrten sie zurück an den Ort der Schädel. Beide trugen eine entsprechende Menge leicht entzündbaren Materials wie etwa Leinentücher. Sie bewegten den Stein ein wenig zur Seite, betraten das Grab und rollten den Stein zurück vor den Eingang. Nun waren sie im verschlossenen Grab mit einer Lampe, den Leinentüchern und Öl beim Leichnam Jesu, dessen Kopf mit einem kleinen Stück Stoff bedeckt war und dessen mit Gewürzen und Parfümen gesalbter Körper mit langen Leinentüchern umwickelt war.

Josef und Nikodemus begannen mit ihrer Arbeit. Josef an einem Ende und Nikodemus am anderen. Nikodemus entfernte das Schweißtuch, das den Kopf bedeckte und Josef befreite den Körper von den Leinentüchern. Nachdem Nikodemus das

Schweißtuch entfernt hatte, half er Josef mit den Leinentüchern.

Nachdem sie einige der Leinentücher entfernt hatten, begannen sie, den Körper erneut mit den Leinentüchern, welche sie mitgebracht hatten, einzuwickeln. Darauf bewegten sie den Stein von innen ein wenig zur Seite, gingen hinaus in den Garten, sammelten ein paar Holzstücke, brachten diese ins Grab, verließen es erneut, um noch mehr trockenes Holz zu sammeln und errichteten damit im Grab einen Holzhaufen, zwei bis drei Meter entfernt vom Ort, wo Jesu Leichnam hingelegt wurde. Dann leerten sie ein wenig von dem Öl, das sie mitgebracht hatten über den Holzhaufen. Anschließend trugen sie Jesus Leichnam von der Stelle, wo sie ihn hingelegt hatten, zum Holzhaufen, legten ihn darauf und leerten den Rest des Öles über den Leichnam, welcher nun mit vielen Leinentüchern eingewickelt war. Josef von Arimathäa nahm das Schweißtuch und die Leinentücher, die er zuvor vom Leichnam entfernt hatte. Dann verließ er das Grab, während Nikodemus den Leichnam von Jesus anzündete und als er sah, dass Flammen von den Leinentüchern aufstiegen, verließ er ebenfalls das Grab und gemeinsam verschlossen sie den Eingang und warteten draußen im Garten in der Dunkelheit.

War das Grab gross genug um zwei Meter von der Stelle, wo Jesus Körper lag, einen Holzhaufen zu errichten? Ja, es war ein grosses Grab. Die Bibel sagt, als Jesus am Kreuz war: „Viele Frauen aus Galiläa waren mit Jesus zusammen nach Jerusalem gekommen. Sie hatten für ihn gesorgt, und jetzt beobachteten sie das Geschehen aus der Ferne." *(Matthäus* 27:55)

Jesu Leiche wurde durch Josef und Nikodemus in das Grab gelegt: „Mit Josef gingen auch die Frauen, die Jesus aus Galiläa gefolgt waren. Sie sahen zu, wie man den Toten in das Grab legte." *(Lukas* 23:55)

Es heisst auch:

„Ganz früh am Sonntagmorgen gingen die Frauen mit den wohlriechenden Ölen, die sie zubereitet hatten, zum Grab. Der Stein, mit dem man es verschlossen hatte, war zur Seite gerollt. Als sie die Grabhöhle betraten, fanden sie den Leichnam Jesu, des Herrn, nicht." *(Lukas* 24:1-3)

"Zu diesen Frauen gehörten Maria aus Magdala, Johanna, Maria, die Mutter von Jakobus, und noch etliche andere." *(Lukas* 24:10)

Es waren also etliche Frauen im Grab, damit ist es klar, dass es ein grosses Grab sein muss.

Zwischen drei Uhr und vier Uhr morgens betraten sie erneut das Grab, verschlossen den Eingang hinter sich, entfachten die Lampe und sammelten die Überreste, die Asche, das Skelett und den Schädel ein. Sie trugen alles in ihren äußeren Kleidungsstücken hinaus, gruben ein Loch im Garten und vergruben dort die Überreste. Sie kehrten zum Grab zurück und Josef legte die Leinentücher an den Platz, von dem er annahm, dass er derselbe war, an dem Jesus Leichnam gelegen hatte und Nikodemus faltete das Schweißtuch sorgfältig und legte es an einen separaten Platz, da es mit Jesus Blut befleckt war, damit sie am Sonntagmorgen, wenn die Leute kämen, nicht versehentlich auf dieses kleine Stück Stoff traten. Es gab noch andere Gründe, die Stoffe im Grab zu lassen. Nachdem sie alles erledigt hatten, verließen sie den Ort am Samstagmorgen etwa um fünf Uhr, als es noch dunkel war. Den Eingang ließen sie vor allem deswegen weit offen, damit der Geruch nicht im Grabe verblieb. Dies machten sie, um die Leute in die Irre zu führen und sie meinen zu lassen, dass jemand hineingegangen wäre und den Körper mitgenommen hätte, wie Maria Magdalena glaubte.

Nun am ersten Tag der Woche, als es noch dunkel war, erwachte Maria Magdalena. Sie war besessen von vielen Dämonen: „Jesus aber, da er auferstanden war früh am ersten Tag der Woche, erschien er am ersten der Maria Magdalena, von welcher er sieben Teufel ausgetrieben hatte." *(Markus* 16:9)

Kontrolliert von den Dämonen ging Maria zum Ort der Schädel und sah, dass der Stein vom Eingang des Grabes zur Seite gerollt war. Da rannte sie zu Simon Petrus und den anderen Jüngern, die Jesus liebten, und sagte zu ihnen: „Sie haben den Herrn aus dem Grab geholt, und wir wissen nicht, wohin sie ihn gebracht haben!" *(Johannes* 20:1-2)

Als sie sagte „wir", meinte sie sich selbst und die andere Maria, die bei ihr war. Mit „sie" meinte sie Josef und Nikodemus. Petrus und Johannes kamen zum Grab gerannt. „Ohne hineinzugehen, schaute er in die Grabkammer und sah die Leinentücher dort liegen." (20:5)

Johannes konnte das andere Stück Stoff nicht sehen, da er nicht weiter hineinging und vermutlich das Grab nicht ausreichend beleuchtet war. Zudem befindet sich das Grab im Garten.

Nach Johannes kam Petrus. „Da kam Simon Petrus ihm nach und ging hinein in das Grab und sieht die Leinen gelegt, und das Schweißtuch, das Jesus um das Haupt gebunden war, nicht zu den Leinen gelegt, sondern beidseits, zusammengewickelt, an einen besonderen Ort. Da ging auch der andere Jünger hinein, der am ersten zum Grabe kam, und er sah und glaubte es." (20:6-8)

Was glaubte Johannes? Glaubte er was Maria Magdalena ihm gesagt hatte? Das heißt: „Sie haben den Herrn aus dem Grab geholt, und wir wissen nicht, wohin sie ihn gebracht haben!" Nun, ein späterer Vers sagt: „Denn sie wussten die Schrift noch nicht, dass er von den Toten auferstehen müsste." (20:9)

Dann Vers 10: „So kehrten dann die Jünger in ihre Häuser zurück." Petrus und Johannes sind Fischer in Galiläa. Wären sie am Sonntagmorgen in Golgota, das hundert Meilen von Galiläa entfernt liegt, aufgebrochen, hätten sie ihre Häuser niemals am Sonntagabend erreicht, da man vor 2000 Jahren zu Fuß reisen musste. Johannes ist daher selbst widersprüchlich. „An diesem Sonntagabend hatten sich alle Jünger versammelt. Aus Angst vor den Juden ließen sie die Türen fest verschlossen. Plötzlich war Jesus bei ihnen. Er trat in ihre Mitte und grüßte sie: ‚Friede sei mit euch!'" *(Johannes* 20:19)

Die Jünger würden die Juden nicht fürchten, wenn sie nach Galiläa zurückgekehrt wären. Sie fürchteten die Juden, da sie sich in Jerusalem aufhielten, der Stadt der Juden.

Lukas bestätigt diese Konstellation. Jesus erschien Petrus und Johannes am Sonntagabend in Jerusalem. „Und sie standen auf zu derselben Stunde, kehrten wieder gen Jerusalem und fanden die Elf versammelt und die bei ihnen waren, welche sprachen: ‚Der Herr ist wahrhaftig auferstanden und Simon erschienen.' Und sie erzählten ihnen, was auf dem Wege geschehen war und wie er von ihnen erkannt wäre an dem, da er das Brot brach. Da sie aber davon redeten, trat er selbst, Jesus, mitten unter sie und sprach: ‚Friede sei mit euch!'" (24:33-36).

Den Namen des Ortes, Jerusalem, auszulassen, geschah in *Johannes* 20:19 bewusst, um die Aufdeckung der Lüge zu vermeiden.

Um das Wort Gottes zu rechtfertigen, argumentierte ein Gläubiger, dass Petrus und Johannes in ihre Häuser nach Galiläa zurückkehrten und von dort aus wieder nach Jerusalem kamen. Doch dann stellt sich die Frage angesichts der Distanz. Dies würde nicht nur die Distanz verdoppeln, sondern auch die Mühsal. In der damaligen Zeit war es undenkbar, zweihundert Meilen an einem

Tag zu schaffen. In der Tat würden sie nicht einmal hundert Meilen am Tag schaffen.

Darüber hinaus: Wenn Johannes und Petrus zu ihren Häusern, die hundert Meilen von dem gefährlichen Ort entfernt waren, zurückgekehrt wären, wären sie nicht mehr nach Jerusalem gegangen, da sie Angst vor den Juden hatten.

All diese Widersprüche zeigen ohne Zweifel auf, dass *Johannes* Kapitel 20 Vers 10 eine Lüge in „Gottes Worten" ist. Hätte dieses Evangelium wahrhaftig *Johannes* geschrieben, dann hätte er nicht gelogen im Hinblick darauf, dass er und Petrus am Tag der Auferstehung nach Galiläa zurückkehrten. Lüge ist eine unwahre Aussage, um zu betrügen *(Merriam Webster's)*. Da Johannes von solch einer Lüge nicht profitiert, weist dies darauf hin, dass Johannes nicht der Autor dieses Evangeliums ist.

Schauen wir, was am Ort der Schädel passierte, nachdem Petrus und Johannes weggingen: „Maria aber stand vor dem Grabe und weinte draußen. Als sie nun weinte, guckte sie ins Grab und sieht zwei Engel in weißen Kleidern sitzen, einen zu den Häuptern und eine zu den Füßen, da sie den Leichnam hin gelegt hatten. Und diese sprachen zu ihr: ‚Weib, was weinest du?' Sie spricht zu ihnen: ‚Sie haben meinen Herrn weggenommen, und ich weiß nicht, wo sie ihn hingelegt haben.' Und als sie das sagte, wandte sie sich zurück und sieht Jesus stehen und weiß nicht, dass es Jesus ist. Spricht er zu ihr: ‚Weib, was weinest du? Wen suchest du?' Sie meint es sei der Gärtner, und spricht zu ihm: ‚Herr, hast du ihn weggetragen, so sage mir, wo hast du ihn hingelegt, so will ich ihn holen.'" (*Johannes* 20:11-15)

Petrus und Johannes waren am Grab, wahrscheinlich eine Minute zuvor, doch die Engel kümmerten sich nicht darum, ihnen zu erscheinen. Die Engel sprachen zu Maria aus dem Grabe und fragten sie, warum sie weinte, als ob sie den Grund nicht wüssten. Es steht so geschrieben und man könnte meinen, diese beiden Engel wären den ganzen Weg vom Himmel gekommen, nur um Maria zu fragen, warum sie weinte.

Maria Magdalena, die von sieben Dämonen besessen war, hatte zum ersten Mal in ihrem Leben eine Vision von Engeln. Warum wandte sie sich überhaupt um?

Es gibt eine Möglichkeit. Als sie den Engeln antwortete, hörte sie ein Geräusch hinter ihrem Rücken und um zu sehen, woher das Geräusch kam, wandte sie sich um. Dann sah sie Jesus im

Garten genau an dem Ort stehen, an dem Josef und Nikodemus die Überreste des verbrannten Leichnams vergraben hatten.

Die Bibel sagt, Maria erkannte Jesus nicht. Warum? Weil der Geist von Jesus ihr nicht in einer Form erschien, die sie kannte. Sie sah den Fremden und dachte, es sei der Gärtner. Der Geist fragte sie: „Weib, was weinest du? Wen suchest du?“

Wusste Jesus nicht, warum sie weinte? Und wusste er nicht, wen sie suchte? Mit Sicherheit wusste er es. Warum stellte er ihr dann solche Fragen?

Die erste Frage des Geistes lautet: Warum weinst du? Diese Frage wurde von den Engeln gestellt, die am Grabe waren, und Maria gab schon eine Antwort darauf. Da Maria außerhalb des Grabes stand und zu den Engeln am Grabe sprach, und der Gärtner genau hinter ihr innerhalb des Gartens stand, musste er die Antwort gehört haben. Dazu sagt die Bibel: „Und als sie das sagte, wandte sie sich zurück und sieht Jesus stehen.“

Warum stellte der Geist dann dieselbe Frage? Die Antwort, die sie auf die erste Frage gab, ist auch die Antwort auf die zweite Frage, welche lautete: „Wen suchst du?“ Das bedeutet: Er stellte diese beiden Fragen nicht, weil er die Antworten darauf nicht wusste, sondern weil er Zeit vorbeigehen lassen wollte. Warum?

Petrus und Johannes hatten das Grab gerade erst verlassen. Jesus wollte, dass Petrus und Johannes sich in einer für Maria nicht mehr hörbaren Distanz aufhielten, damit Maria sie nicht zum Grab zurückrufen konnte. Darum also erschienen Maria zuerst die Engel und dann der Gärtner. Die Engel stellten eine Frage, der Gärtner stellte zwei Fragen und Maria wiederholte ihre Antwort zweimal, das ergibt drei Fragen und zwei Antworten, was eine genügend große Entfernung von Petrus und Johannes zum Grab entstehen ließ. Petrus und Johannes kamen nicht zum Grab gerannt, weil sie nicht glauben konnten, was Maria ihnen erzählt hatte, sondern auch aus Angst vor den Juden. So kehrten sie auch in Eile zurück in ihr Versteck, dem oberen Raum.

Maria bemerkte nicht, dass der Gärtner der Geist von Jesus war, auch als er zu ihr sprach. Das bedeutet, der Geist erschien ihr nicht nur in einer anderen Gestalt, auch die Stimme war Maria fremd. Der Gärtner nannte sie Weib, als ob er ihren Namen nicht wüsste. Er tat dies, um Maria irrezuführen und seine wahre Identität zu verbergen. Sobald sie antwortete, sprach auch der vermeintliche Gärtner: „‚Maria!‘ Da wandte sie sich um und spricht zu ihm: ‚Rabbuni‘ (das heißt: Meister)! Spricht Jesus zu ihr: ‚Rühre mich nicht an! Denn ich bin noch nicht aufgefahren zu meinem Vater. Gehe aber hin zu meinen Brüdern und sage ihnen: Ich fahre auf zu meinem Vater und zu eurem Vater, zu meinem Gott und zu eurem Gott.‘“ *(Johannes* 20:16-17).

Zunächst sprach Maria mit den Engeln, die am Grab weilten, dann wandte sie sich um und sah den Geist von Jesus, den sie nicht erkannte. Als sie die Stimme den Namen Maria sagen hörte, wandte sie sich erneut um, und war nun dem Grabe zugewandt. Dieses Mal nannte Jesus sie Maria und sogleich wandte sie sich um, was bedeutet: Die Stimme erklang aus dem Grab hinter ihrem Rücken und als sie sich umwandte und Jesus am Grabe sah, nannte sie ihn Meister. Das würde heißen: Als sie die Stimme hörte, wusste sie, dass es Jesus war und er am Grab stand. Doch dort waren keine Engel mehr und auch der Gärtner war nicht mehr da.

Nur wenn Maria gewusst hätte, dass der Gärtner Jesus ist, hätte sie versucht, ihn zu berühren. Deswegen musste Jesus ihr zu diesem Zeitpunkt noch nicht sagen, berühre mich nicht. Als er ihr jedoch in bekannter Gestalt, mit bekannter Stimme am Grab erschien, wollte sie sich ihm einen Schritt nähern und ihn anfassen, um sicherzustellen, dass es kein Geist war, doch er wies sie zurück, indem er sagte: „Rühre mich nicht an! denn ich bin noch nicht aufgefahren zu meinem Vater. Gehe aber hin zu meinen Brüdern und sage ihnen: Ich fahre auf zu meinem Vater.“ *(Johannes* 20:17)

Als er nach seinem Tod am Kreuz zum ersten Mal jemandem erschien, waren seine ersten Worte „Berühr mich nicht!“ Warum? Jesus gibt eine Antwort auf diese Frage: „Weil ich noch nicht zu meinem Vater aufgefahren bin.“ Wenn Jesus am Sonntagmorgen noch nicht in den Himmel gegangen war, dann hat er am Kreuz gelogen.

Einer der beiden Verurteilten, die mit Jesus am selben Tag gekreuzigt wurden, erklärte sich als Anhänger Jesu. Daraufhin versprach Jesus dem Anhänger: „Wahrlich ich sage dir: Heute wirst du mit mir im Paradiese sein.“ *(Lukas* 23:43). Nach diesem Vers war Jesus am selben Tag, also am Freitag, im Paradies.

Das beweist, dass der Grund, weshalb Maria Magdalena ihn nicht berühren darf, nicht darin bestand, noch nicht bei seinem Vater gewesen zu sein, sondern weil es der Geist von Jesus war, der erschienen ist, nachdem er den Körper am Freitag am Kreuz verloren hat.

Und des Weiteren hatte Maria von dem Versprechen, das Jesus seinem Anhänger am Nachbarskreuz gab, nichts gewusst, weil sie sich während der Kreuzigung in grösserer Entfernung aufhielt. Dies diente Jesus als günstige Gelegenheit, Maria zu belügen.

Wen meint er mit: „Geh, sag es meinen Brüdern!"? Meinte er die Söhne Josefs, des Ehemanns seiner Mutter? Oder meinte er die Apostel? Ein Zitat widerlegt die Doppeldeutigkeit gänzlich: „Und er reckte die Hand aus über seine Jünger und sprach: Siehe da, das sind meine Mutter und meine Brüder! Denn wer den Willen tut meines Vaters im Himmel, der ist mein Bruder, Schwester und Mutter." *(Matthäus* 12: 49-50).

Das bedeutet: Die Nachricht, die er Maria gab, war für Petrus und Johannes, die einige Minuten zuvor an dem Ort waren. Warum erschien er dann nicht ihnen, da sie doch Minuten, bevor er Maria erschienen war, am Grab waren?

Um diese Frage zu beantworten, argumentieren einige meiner guten Freunde, die an die Bibel glauben, dass Jesus zu dem Zeitpunkt, als Petrus und Johannes beim Grab waren, noch nicht auferstanden sei. Aber wenn Jesus noch nicht auferstanden war, dann hätte sein Leichnam noch im Grabe liegen müssen, da der Glaube sagt, Jesus sei mit seinem Körper auferstanden.

Außerdem war das, was Jesus Maria mitteilte, etwas, das er ihnen am Donnerstag nach dem letzten Abendmahl auf dem Weg zu Gethsemane schon gesagt hatte: „Ich bin vom Vater ausgegangen und gekommen in die Welt; wiederum verlasse ich die Welt und gehe zum Vater. Sprechen zu ihm seine Jünger: Siehe, nun redest du frei heraus und sagst kein Sprichwort." *(Johannes* 16:28-29).

Deshalb kann der Grund, warum Jesus Maria erschienen war, nicht der sein, Maria mit einer Nachricht zu seinen Brüdern zu schicken, wenn diese den Inhalt der Nachricht schon kannten. Hätte er sie daran erinnern wollen, wäre er Petrus und Johannes am Grab selbst erschienen, was er nicht tat.

Wenn Jesus die Nachricht, dass er zu seinem Vater zurückkehre, Petrus und Johannes übermitteln wollte, hätte er dies tun können, als die beiden am Grab waren. Denn als die beiden zum Grab kamen, war Jesus dort im Garten, unsichtbar. Oder wollte er ihnen dort und zu diesem Zeitpunkt nicht erscheinen? Warum?

Jesus starb am Freitag am Kreuz (Karfreitag, wie ihn die Christen nennen) und am Sonntag erzählte er Maria Magdalena, dass er noch nicht zum Himmel aufgefahren sei, folglich log er am Kreuz, Minuten bevor er starb.

Einer der beiden Verurteilten, die mit Jesus am selben Tag gekreuzigt wurden, erklärte sich als Anhänger von Jesus: „Wahrlich ich sage dir: Heute wirst du mit mir im Paradiese sein." *(Lukas* 23:43) Nach diesem Vers war Jesus am selben Tag, Freitag, im Paradies. Doch am Sonntag, als er Maria erschien, erzählte er genau das Gegenteil: „Denn ich bin noch nicht zu meinem Vater zurückgekehrt."

Der selbst ernannte Apostel Paulus lügt die Korinther an—*2.Korinther* 12:3-4: „Und wenn ich auch nicht verstehe, wie er dorthin kam—auch das weiß allein Gott—, er war im Paradies." Die *Offenbarung* von *Johannes* über das Paradies sagt dies: „Dem will ich die Früchte vom Baum des Lebens zu essen geben, der in Gottes Paradies steht." (2:7) Das Paradies ist der Garten Eden, denn der Baum des Lebens steht in der Mitte des

Gartens Eden. Hier ist die Bleibe von Jesus nach seinem Tode am Kreuz.

Wo Glaube verweilt, verschwindet logisches Denken. Glaube ist der Entführer logischen Denkens und die Hebamme des Aberglaubens.

Es wäre unmöglich für Jesus Maria zu betrügen, hätte sie nicht ihren Glauben in ihn gesetzt. Jesus schickte Maria mit der folgenden Nachricht: „Gehe aber hin zu meinen Brüdern und sage ihnen: Ich fahre auf zu meinem Vater." *(Johannes* 20:17) Maria hätte sich zum Beispiel fragen können, warum Jesus nicht Petrus und Johannes erschienen war, da sie doch einige Minuten zuvor am Grab waren. Er hätte ihnen diese Information direkt geben können, warum tat er dies nicht?

Jesus schickte Maria mit der Nachricht „Ich gehe zurück zu meinem Vater." War er dann zu seinem Vater aufgefahren? Nein, war er nicht. Die Bibel sagt: „Am Abend aber desselben ersten Tages der Woche, da die Jünger versammelt und die Türen verschlossen waren aus Furcht vor den Juden, kam Jesus und trat mitten ein und spricht zu ihnen: Friede sei mit euch!" *(Johannes* 20:19) Vergesst nicht: Jesus, der sagte, Friede sei mit euch, sagte auch: „Ihr sollt nicht wähnen, dass ich gekommen sei, Frieden zu senden auf die Erde.

Ich bin nicht gekommen, Frieden zu senden, sondern das Schwert. Denn ich bin gekommen, den Menschen zu erregen gegen seinen Vater und die Tochter gegen ihre Mutter und die Schwiegertochter gegen ihre Schwiegermutter. Und des Menschen Feinde werden seine eigenen Hausgenossen sein.“ *(Matthäus* 10:34-36)

Schauen wir, was geschah, nachdem er Maria mit der Nachricht „Gehe aber hin zu meinen Brüdern und sage ihnen: Ich fahre auf zu meinem Vater“ weggeschickt hat. „Maria Magdalena kommt und verkündigt den Jüngern: ‚Ich habe den HERRN gesehen, und solches hat er zu mir gesagt.‘“ *(Johannes* 20:18)

Sicherlich wusste Jesus, dass Maria nicht nur die Nachricht, um die er sie bat, ausrichten würde, sondern auch von anderen Geschehnissen erzählen würde. Maria erzählte ihnen, wie ihr Jesus im Grab erschienen war und wie er sie, als sie ihn anfassen wollte, zurückwies, da er noch nicht in den Himmel aufgefahren war. Eigentlich ist dies die einzige Nachricht, die Jesus ihnen durch Maria übermitteln wollte, wonach es niemandem erlaubt ist, ihn, bevor er in den Himmel aufgefahren ist, zu berühren. Dies ist auch der Grund, weswegen er Petrus und Johannes nicht erschienen ist, als diese am Grab waren.

Maria Magdalena wusste nicht, dass Jesus den Gläubigen erzählte, dass er ein gemeinsames Mahl im Himmel am selben Tag habe. Denn Maria Magdalena war nicht in seiner Nähe, als Jesus dies sagte.

Wie konnte Jesus sichergehen, dass Maria die Nachricht seinen Aposteln weitergab. Für einen Geist wie Jesus ist dies sehr einfach: Der Geist würde unbemerkt Maria zum Raum in Jerusalem folgen, wo sich die elf Apostel und andere befanden, und ihr zuhören, wie sie zu den anderen spricht.

Als sie kam und von den Dingen erzählte, die sie gesehen hatte, glaubten sie den Worten nicht. Maria erzählte, was sie Petrus und Johannes eine Stunde zuvor berichtet hatte, dass der Körper von Jesus genommen wurde und sie nicht wusste, wohin sie ihn gelegt hatten. Petrus und Johannes hatten ihren Worten Glauben geschenkt, deshalb besuchten sie das Grab und kamen gerade zurück von Golgota. Dann kam Maria mit einer neuen Geschichte, wonach sie Jesus gesehen hatte und er ihr die Nachricht übermittelte, er würde zu seinem Vater auffahren. Diese Geschichte steht im totalen Widerspruch zu dem, was sie nur einige Zeit zuvor berichtet hatte.

Sowie Maria nicht von dem Versprechen, das Jesus seinem Anhänger am Nachbarskreuz gab, gewusst hatte, wussten auch die Apostel nicht davon.

Jesus befindet sich nun, unsichtbar für alle andern, im selben Raum in Jerusalem. Alle sprechen davon, dass der Körper Jesu aus dem Grab genommen wurde.

Nach einiger Zeit sprach er: „Und siehe, zwei aus ihnen gingen an demselben Tage in einen Flecken, der war von Jerusalem sechzig Feld Wegs weit; des Name heisst Emmaus. Und sie redeten miteinander von allen diesen Geschichten. Und es geschah, da sie so redeten und befragten sich miteinander, nahte sich Jesus zu ihnen und wandelte mit ihnen. Aber ihre Augen wurden gehalten, dass sie ihn nicht kannten. Er sprach aber zu ihnen: ‚Was sind das für Reden, die ihr zwischen euch handelt unterwegs, und seid traurig?' Da antwortete einer mit Namen Kleopas und sprach zu ihm: ‚Bist du allein unter den Fremdlingen zu Jerusalem, der nicht wisse, was in diesen Tagen darin geschehen ist?'" *(Lukas* 24:13-18)

Sonntag, früh am Morgen, schickte er Maria mit der Nachricht, dass er zu seinem Vater auffahren würde, doch Sonntag am Nachmittag sprach er mit zwei anderen Jüngern, die mit den Aposteln zusammen im Raum in Jerusalem gewesen waren. Zu Fuß gingen diese vom Raum in Jerusalem nach Emmaus, das sieben Meilen entfernt liegt. Jesus näherte sich ihnen und ging mit ihnen, sie erkannten ihn nicht, da ihre Augen gehalten wurden, so die heilige Bibel. Schriften seien unzerbrechlich, sagte Jesus den Pharisäern. Wäre dies wahr, dann hätten die Jünger Jesus erkannt, auch wenn ihre Augen gehalten wurden. Da Jesus mit ihnen sprach, hätten sie als Jünger seine Stimme erkennen müssen. Das ist vergleichbar mit seinem Erscheinen in Gestalt des Gärtners vor Maria. Bei Tageslicht erschien er nicht als Jesus, sondern als Fremder.

Nicht weil ihre Augen gehalten wurden, erkannten sie ihn nicht, sondern weil er ihnen in einer fremden Gestalt erschien. Dies verstehen wir anhand der Worte, die Kleopas sprach: „Bist du der einzige unter den Fremden in Jerusalem?“

Zunächst erschien Jesus ihnen als Fremder, damit sie nicht in Versuchung geraten würden, ihn zu berühren, oder dass sie sogar meinten, ein Geist begleite sie. Der andere Grund ist: Er kann sich als Fremder mit ihnen unterhalten und nichts von den Geschehnissen wissen, die sich einige Tage zuvor in Jerusalem abgespielt haben. „Er sprach aber zu ihnen: ‚Was sind das für Dinge, die ihr miteinander verhandelt unterwegs?' Da blieben sie traurig stehen. Und der eine, mit Namen Klеopas, antwortete und sprach zu ihm: ‚Bist du der Einzige unter den Fremden in Jerusalem, der nicht weiß, was in diesen Tagen dort geschehen ist?' Und er sprach zu ihnen: ‚Was denn?'" *(Lukas* 24:17-19) Mit dieser Frage bestärkte Jesus sie in ihren Zweifeln, dass er ein Fremder ist, der keine Ahnung hatte, wovon sie sprachen.

Von Jesus getäuscht, antworteten sie dem Geist von Jesus aus Nazareth: „Und er sprach zu ihnen: ‚Welches?' Sie aber sprachen zu ihm: ‚Das von Jesus von Nazareth, welcher war ein Prophet mächtig von Taten und Worten vor Gott und allem Volk; wie ihn unsre Hohepriester und Obersten überantwortet haben zur Verdammnis des Todes und gekreuzigt. Wir aber hofften, er sollte Israel erlösen. Und über das alles ist heute der dritte Tag, dass solches geschehen ist. Auch haben uns erschreckt etliche Weiber der Unsern; die sind früh bei dem Grabe gewesen, haben seinen Leib nicht gefunden, kommen und sagen, sie haben ein Gesicht der Engel gesehen, welche sagen, er lebe. Und etliche unter uns gingen hin zum Grabe und fanden's also, wie die Weiber sagten; aber ihn sahen sie nicht.'" *(Lukas* 24:19-24)

Die Bibel sagt, sie erzählten Jesus, heute ist der dritte Tag, dass dies geschehen ist. Doch dies ist nicht korrekt, da der fragliche Tag ein Sonntag war, da nur zwei Tage seit der Kreuzigung vergangen sind. Der Rest der Geschichte steht in Übereinstimmung mit der Geschichte der Auferstehung in *Lukas,* doch vollkommen widersprüchlich zur Geschichte in *Johannes.*

Wie auch immer, der Fremde aus Jerusalem, der dies hörte, sagte: „‚O ihr Toren und träges Herzens, zu glauben alle dem, was die Propheten geredet haben! Musste nicht Christus solches leiden und zu seiner Herrlichkeit eingehen?‘ Und fing an von Mose und allen Propheten und legte ihnen alle Schriften aus, die von ihm gesagt waren.“ *(Lukas* 24:25-27)

Wenn Jesus hätte leiden sollen, um in seine Herrlichkeit einzugehen, dann hätten die Toren und Trägen des Herzens das nicht glauben sollen, und dies aufgrund ihrer Fassungslosigkeit gegenüber dem Fakt, dass Jesus scheinbar zum Leiden privilegiert sein sollte.

Wenn in den Schriften steht, dass Jesus leiden muss, um in seine Herrlichkeit einzugehen, warum schrie Jesus dann am Kreuz: „Mein Gott, mein Gott, warum hast du mich verlassen?“ Am

Freitagnachmittag am Kreuz beschuldigte er seinen Vater, dass er ihn habe leiden lassen. Aber zwei Tage später, am Sonntagnachmittag, tadelte er seine Jünger, weil sie nicht wussten, dass er leiden musste, um in seine Herrlichkeit einzugehen. Was für ein Schwindler!

Der Fremde begann ein Gespräch und nannte sie Narren, das heißt, er beleidigte sie. Wenn er ihnen zuerst erklärt hätte, welche Dummheit sie machten und sie nachher Narren genannt hätte, wäre es richtig gewesen. Der Fremde provozierte sie also. Wie können sie Narren genannt werden, wenn sie langsam an alles glaubten, was der Prophet gesagt hat, nämlich dass die Christen leiden müssen, wenn sie in seinen Ruhm eintreten würden, da nicht ein einziger Prophet des Alten Testaments je das Wort „Christ" genannt hat?

Als Jesus dieses Gespräch führte, gab es noch kein einziges Buch des sogenannten Neuen Testaments. „Christ" ist ein griechisches Wort, was „geölt" heißt. Die Bücher des sogenannten Alten Testaments waren in hebräischer Sprache geschrieben. Wie kann denn irgendetwas über „Christ" in den Büchern des Alten Testamens geschrieben sein?

Obwohl die Bibel behauptet: „Und fing an von Mose und allen Propheten und legte ihnen alle Schriften aus, die von ihm gesagt waren", wird diese Aussage nicht von einer einzige Schrift unterstützt. Die einfache Wahrheit ist, dass diese beiden Männer nicht mal wussten, dass der Fremde eigentlich über sich selbst sprach!

Jesus fuhr fort, zu ihnen zu sprechen: „Und sie kamen nahe zum Flecken, da sie hineingingen; und er stellte sich, als wollte er weitergehen. Und sie nötigten ihn und sprachen: ‚Bleibe bei uns; denn es will Abend werden, und der Tag hat sich geneigt.' Und er ging hinein, bei ihnen zu bleiben. Und es geschah, da er mit ihnen zu Tische saß, nahm er das Brot, dankte, brach's und gab's ihnen. Da wurden ihre Augen geöffnet, und sie erkannten ihn. Und er verschwand vor ihnen. *(Lukas* 24:28-31)

Entsprechend der Bibel waren Kleopas und die andere Person Jünger von Jesus. Die beiden waren gut mit Jesus bekannt und hatten sein Gesicht und seine Erscheinung wiedererkannt. Aber sogar, als er zwei bis drei Stunden mit ihnen sprechend verbracht hatte, hatten sie nicht verstanden, dass es Jesus war. Es gibt nur eine Antwort auf dieses Problem: Jesus ist ihnen in einer anderen Gestalt, vor allem mit einem Gesicht, das sie vorher nicht gesehen hatten, erschienen. Deshalb glaubten sie, er sei ein Fremder.

Deshalb glaubten sie nicht, dass dieser Fremde Jesus war, bis er das Brot genommen, gesegnet und es ihnen gegeben hatte. Was, wenn es diese beiden Jünger von Jesus gewesen wären, die das Brot genommen, gesegnet, gebrochen und mit den anderen gegessen hätten? Jesus hatte sie gelehrt, so zu handeln und zwar genau drei Tage vor der fraglichen Zeit, das heißt am Donnerstagabend beim letzten Abendmahl. „Und er nahm das Brot, dankte und brach's und gab's ihnen und sprach: Das ist mein Leib, der für euch gegeben wird; das tut zu meinem Gedächtnis." *(Lukas* 22:19) Das bedeutet auch, dass diese beiden Jünger beim letzten Abendmahl dabei waren.

Die Bibel versteckt listigerweise diese Tatsache mit den Worten: „Und da die Stunde kam, setzte er sich nieder und die zwölf Apostel mit ihm." *(Lukas* 22:14) Wo waren die anderen, die Jesus von Galiläa folgten? Folgten sie ihm nicht mehr, sobald sie nach Jerusalem gingen? Wenn dem so ist, wie kam es dann, dass sie am frühen Sonntagmorgen mit den Aposteln in dem großen oberen Raum zusammen waren, wo sie das letzte Abendmahl einnahmen?

Um seinen satanischen Lehren zu folgen, wie Brot in das Fleisch des „Menschensohnes" zu verwandeln sei, nahmen die zwei Jünger an diesem Sonntagabend das Brot in ihre Hände, segneten es, nahmen es in den Mund, schlossen die Augen und sagten: „Dies ist der heilige Körper von Jesus" und aßen es, als Beispiel, wie es die Katholiken in ihren Kirchen machen. Als sie ihre Augen öffneten, waren sie überrascht, weil der Fremde sich in Jesus von Nazareth verwandelt hatte. Aber augenblicklich, als sie ihn erkannten, das heißt, sie ihn identifizieren konnten, verschwand er aus ihrem Blickfeld.

Sie dachten, Jesus erschien ihnen, weil sie das Brot so brachen, wie er es ihnen gelehrt hatte. Aus ihrer Sicht war es sofort, nachdem sie das Brot gesegnet und gegessen hatten, dass der Fremde verschwand und Jesus erschienen ist. Deshalb heißt es: „Und sie erzählten ihnen, was auf dem Wege geschehen war und wie er von ihnen erkannt wäre an dem, da er das Brot brach." *(Lukas* 24:35) Erzählten sie ihnen nur, wie plötzlich er erschienen war, als sie das Brot gebrochen hatten oder erzählten sie auch, wie er verschwunden war, sobald sie die Hände ausgestreckt hatten, um ihn zu berühren? Sicher müssen sie dies auch erzählt haben.

Wo war Jesus, als die beiden Jünger zu den Aposteln sprachen? Listig wie er ist, wäre er sicher in ihrer Mitte gewesen und hätte auf den richtigen Moment gewartet, um ihnen zu erscheinen.

Die beiden Jünger kehrten nach Jerusalem zurück. „Und sie standen auf zu derselben Stunde, kehrten wieder gen Jerusalem und fanden die Elf versammelt und die bei ihnen waren.“ *(Lukas* 24:33)

Stellen wir uns die Konversation seiner Anhänger vor:

Kleopas zu Petrus: „Maria Magdalena hat recht, Jesus lebt noch, denn er ist uns erschienen.“

Petrus und die anderen sagten zu Magdalena und Kleopas: „Warum erscheint er uns denn nicht?“

Maria Magdalena sagte zu Thomas schauend: „Weil du nicht an seine Worte glaubst, erzählte ich dir, dass er sagte, berühr mich nicht, weil ich noch nicht zu meinem Vater aufgefahren bin.“ Aber du sagtest: „ … du wirst erst glauben, wenn du ihn berührt hast.“

Thomas verliess den Raum. Nun schauten die Apostel und alle anderen hinauf zum Dach und beteten mit dem einzigen Gedanken, dass Jesus ihnen erscheinen würde. Dann und dort erschien ihnen Jesus. Dies war die Wiedergeburt des Christentums, das für eine Weile tot war, als sie den Gründer gekreuzigt hatten. Mit der Kreuzigung Jesu halfen sie (die Juden) Jesus. Sie wussten nicht, dass es Jesus war, der Judas zu ihnen geschickt hatte, sie wussten nicht, dass er seine eigene Exekution geplant hat. Das ist auch der Grund, weshalb er noch am Kreuz die Juden verspottete: „Vater, vergib ihnen, denn sie wissen nicht, was sie tun!" *(Lukas* 23:34)

300 Jahre später war das Christentum von einem Psychopathen namens Konstantin Augustus (von der katholischen Kirche St. Konstantin genannt) erlaubt worden, welcher „seinen eigenen Sohn exekutierte und seine Frau bei lebendigem Leib kochte." (Helene Ellerbe, *The Dark Side of Christian History)* Konstantin war römischer Kaiser von 306 bis 337. Später, im Jahre 380, führte Kaiser Theodosius I ein Gesetz ein, welches das Christentum als offizielle Religion des Römischen Reiches einführte.

Aber der einzig wahre Sohn Gottes, der sagte, Vater vergib ihnen, da sie (die Juden) nicht wissen, was sie tun, sagte auch: „Doch jetzt holt meine Feinde her, die mich nicht als König anerkennen wollten: Sie sollen vor meinen Augen hingerichtet werden!“ *(Lukas* 19:27)

Jesus und Thomas

Thomas aber, einer der zwölf Jünger, der „der Zwilling“ genannt wurde, war nicht bei ihnen, als Jesus kam. Infolgedessen sagten die anderen Jünger zu ihm: „Wir haben den Herrn gesehen!“ Er aber sprach zu ihnen: „Wenn ich nicht in seinen Händen die Spur der Nägel sehe und meinen Finger in die Spur der Nägel lege und meine Hand in seine Seite lege, will ich es bestimmt nicht glauben.“ *(Johannes* 20:24-25)

Diese Worte von Thomas zeigen nicht nur, dass er zweifelte, dass es der Geist von Jesus war, sondern auch, dass keiner von den Jüngern versuchte Jesus zu berühren. Hätten sie ihn berührt, hätten sie dies zu Thomas gesagt, und nicht nur: „Wir haben den Herrn gesehen.“ Thomas hätte dann nicht erklären müssen, die Geschehnisse erst zu glauben, wenn er Jesus berührt habe.

Gemäß den Worten, die Jesus zu Maria Magdalena sprach, sollte ihn niemand berühren, bevor er nicht zu seinem Vater aufgefahren war. Laut Bibel *(Apostelgeschichte,* Kapitel 1) steigt Jesus 40

Tage nach seiner Auferstehung zu seinem Vater auf. Wenn Jesus den Aposteln an dem Tag erschienen wäre, da er auferstand, konnte er sich nicht von ihnen berühren lassen, ansonsten wäre er ein Lügner, da er Maria Magdalena zuvor sagte, er sollte von niemandem berührt werden, bevor er zu seinem Vater aufgefahren sei. Wäre er zu seinem Vater aufgefahren, würde dies die Möglichkeit ausschließen, dass einer seiner Jünger auf Erden ihn berühren könnte. Zusammengefasst: Nach seinem Tode ist es unmöglich, ihn zu berühren. Also wie kann überhaupt jemand sicher sein, dass es nicht sein Geist war, der nach seinem Tod erschien?

Jesus erschien Maria Magdalena am Morgen und nachher erschien er Kleopas und den anderen Jüngern, die nach Emmaus gingen. Er verbrachte mehrere Stunden mit ihnen. Warum erschien Jesus nicht den Aposteln, die für ihn sterben würden? Dies ist eine sehr ernsthafte Frage, es gibt dafür zwei Gründe: Wir sehen in der Bibel, dass Jesus seinen Aposteln zuerst erschien, als Thomas abwesend war. Der eine Grund war also die Anwesenheit von Thomas bei den Aposteln. Der zweite Grund war, dass sie nicht versuchen sollten, ihn zu berühren.

Jesus erschien Maria Magdalena früh am Sonntagmorgen, aber um 22.00 Uhr war er den Aposteln noch nicht erschienen. Sicher haben sie sich gefragt, weshalb. Zu diesem kritischen Zeitpunkt hatten sie nur die Nachricht, die Jesus ihnen über Maria gegeben hatte. „Rühre mich nicht an! Denn ich bin noch nicht aufgefahren zu meinem Vater. Gehe aber hin zu meinen Brüdern und sage ihnen: Ich fahre auf zu meinem Vater.“ Diese Lüge bewirkte, dass die Jünger glaubten, dass Jesus zu seinem Vater in den Himmel aufgefahren war, nachdem er Maria erschien. Als Kleopas jedoch aus Jerusalem zurückgekehrt war, wussten sie, dass Jesus noch nicht zu seinem Vater zurückgegangen war. Das heißt, es war ihnen immer noch nicht erlaubt, ihn zu berühren.

Die Grabwache

„Am nächsten Tag—es war der Sabbat—kamen die führenden Priester und die Pharisäer miteinander zu Pilatus und sagten: „Herr, uns ist eingefallen, dass dieser Schwindler, als er noch lebte, behauptet hat: ‚Nach drei Tagen werde ich vom Tod auferweckt werden. Gib deshalb Anweisung, das Grab bis zum dritten Tag zu bewachen! Sonst könnten seine Jünger die Leiche stehlen und dann dem Volk erzählen: ‚Er ist vom Tod auferweckt worden.' Dieser letzte Betrug wäre dann noch schlimmer als alles andere vorher." „Da habt ihr eine Wache, sagte Pilatus. „Geht und sichert das Grab, so gut ihr könnt." Sie gingen also zum Grab und versiegelten den Stein, der den Eingang zur Grabkammer verschloss. Die Wache half ihnen dabei und blieb am Grab zurück" *(Matthäus* 27: 62-66)

Es gibt verschiedene Gründe, weshalb ich mit der Geschichte der Grabwache nicht einig bin. Lasst mich einige davon schildern.

Was war zum Beispiel der Grund dafür, dass die Juden Wachen aufstellen wollten?

Die Juden sagten: „uns ist eingefallen, dass dieser Betrüger [Jesus], als er noch lebte, behauptet hat: ‚Nach drei Tagen werde ich auferstehen.' Befiehl deshalb bitte, dass das Grab bis zum dritten Tag bewacht wird! Sonst könnten seine Jünger kommen und den Leichnam stehlen und dann dem Volk gegenüber behaupten, er sei von den Toten auferstanden." *(Matthäus* 27:63-64)

Tatsache ist, dass nicht einmal Johannes der Jünger, den Jesus liebte, wusste, dass Jesus vom Tod auferstehen muss. „Denn sie (Johannes & Petrus) hatten die Heiligen Schriften noch nicht verstanden, in denen doch steht, dass Jesus vom Tod auferstehen muss." *(Johannes* 20:9) Das beweist, dass *Matthäus* 27:62-66 nie geschehen ist, da es für die Priester und Pharisäer unmöglich war, etwas zu wissen, das nicht einmal die Apostel bis am Sonntagmorgen wussten.

Die Bibel sagt: „Es war auch ein Mann da namens Josef. Obwohl Mitglied des jüdischen Rates" *(Lukas* 23:50) und „Josef war ein Jünger von Jesus, aber nur heimlich, weil er vor den führenden Männern Angst hatte." *(Johannes* 19:38)

Wenn Josef vor den jüdischen Führern Angst hatte, dann hätte er seine geheime Mitgliedschaft in Jesu Klub nicht offengelegt, vor allem nicht vor denen, welche Jesus gekreuzigt hatten. Der Grund dafür, warum er erst am Abend kam, war der, dass er sicher sein konnte, dass die Leute Golgota verlassen hatten.

Die führenden Priester und die Pharisäer wussten also nicht, dass Jesu Körper im neu gemachten Grab von Joseph Arimathäa begraben lag. Sie wussten nicht einmal, dass Jesu Körper am Freitagabend von zwei jüdischen Ratsmitgliedern, welche geheime Jünger von Jesu waren, vom Kreuz herunter genommen worden war. Wie kamen sie dann zur Überlegung, Wachen vor das geheime Grab, das Joseph Arimathäa erbaut hatte, hinzustellen?

Hier ein anderes Problem:

Die Bibel sagt, dass die Juden am Samstagmorgen, dem Tag nach der Kreuzigung, Wachen vor das Grab stellten. Falls die Juden fürchteten, die Jünger von Jesus würden kommen um den Leichnam zu stehlen und zu behaupten, Jesus sei auferstanden, weshalb erwägten sie dann nicht, die Wachen schon am Freitagabend aufstellen zu lassen? Was brachte die Juden zur Überlegung, dass die Jünger von Jesus nicht am Freitagabend kämen, um den Leichnam zu stehlen? Sie könnten die Leiche am Freitagabend stehlen und drei Tage später behaupten, dass er von den Toten auferstanden sei.

Stellen wir uns vor, es wären Wachen vor das Grab gestellt worden, und der Grabeingang wäre am Samstagmorgen versiegelt gewesen. Wie könnten die Frauen von Galiläa mit Öl zum versiegelten Grab gehen, um den Körper von Jesus am Sonntagmorgen einzuölen? Diese Anmerkungen noch zu der Tatsache, dass beim Grab keine Wächter waren.

Als Jesus gekreuzigt wurde, standen die Frauen von Galiläa entfernt vom Kreuz und der Menge, alles beobachtend. Der Grund, weswegen die Frauen nicht näher kamen, war ihre Angst, von den Juden verfolgt zu werden. Wären dort Wächter beim Grab gewesen, wären die Frauen von Galiläa nicht am Sonntagmorgen früh zum Grabe gegangen, um sich als Anhänger von Jesus zu erkennen zu geben.

Die Abfolge der Geschehnisse

Jesus erscheint Maria und schickt sie mit einer hinterlistigen Nachricht fort: „Rühre mich nicht an! Denn ich bin noch nicht aufgefahren zu meinem Vater. Gehe aber hin zu meinen Brüdern und sage ihnen: Ich fahre auf zu meinem Vater."

Die Jünger erhalten die Nachricht von Maria. Die Jünger Jesu sind diejenigen, die seinen Worten Glauben schenken. Deswegen erinnerten sie sich an Jesu Worte beim letzten Abendmahl, als sie Maria die Nachricht sprechen hörten. „In meines Vaters Hause sind viele Wohnungen. Wenn es nicht so wäre, so wollte ich zu euch sagen: Ich gehe hin euch die Stätte zu bereiten. Und wenn ich hingehe euch die Stätte zu bereiten, so will ich wiederkommen und euch zu mir nehmen, auf dass ihr seid, wo ich bin." *(Johannes* 14:2-3)

Dieses Versprechen von Jesus beim letzten Abendmahl und die Nachricht, die sie von Maria erhielten, führten sie zum Glauben, dass Jesus zu seinem Vater aufgefahren war und ihnen dort einen Platz bereiten würde!

Die Zeit läuft … Sonntagnacht … zwei Jünger kehren von Emmaus zu den Aposteln zurück, erzählen ihnen, dass sie Jesus gesehen haben, der während des Tages einige Stunden lang zu ihnen gesprochen habe, was bezeugt, dass Jesus noch nicht zu seinem Vater aufgefahren ist. Jesus sagt: „Christus solches leiden und zu seiner Herrlichkeit eingehen.“ *(Lukas* 24:26)

Wäre Jesus zum Himmel aufgefahren in der Zeit zwischen seinem Erscheinen vor Maria und demjenigen vor Kleopas, dann hätte er sich von Kleopas und dem anderen Jünger berühren lassen können, stattdessen verschwand er in dem Moment, als sie ihn erkannten: „Sie erkannten ihn; und er verschwand vor ihnen.“ *(Lukas* 24:31) Das bedeutet, dass Jesus ihnen nicht einmal die Zeit gab, darüber nachzudenken, ob sie ihn berühren wollten.

Die unten stehenden Zitate geben Nachrichten wieder, die Jesus durch Maria und Kleopas den Aposteln übermitteln wollte.

1. Jesus will, dass niemand ihn berührt. (von Maria)

2. Jesus ist in seine Herrlichkeit eingegangen: „Christus solches leiden und zu seiner Herrlichkeit eingehen.“ *(Lukas* 24:26) (von Kleopas)

3. Jesus ist noch nicht in den Himmel aufgefahren, aber er wird zu seinem Vater auffahren. (von Maria)

4. Wenn jemand versucht, ihn zu berühren, dann verschwindet er: „Dabei wurden ihnen die Augen völlig geöffnet, und sie erkannten ihn; und er verschwand vor ihnen.“ *(Lukas* 24:31) (von Kleopas)

Am späten Sonntagabend war Thomas, nach Lukas, noch mit den anderen Aposteln im Haus, in dem sie das letzte Abendmahl eingenommen hatten. Gemäß Johannes jedoch war Thomas nicht anwesend, als Jesus erschien. Beide Versionen könnten stimmen, wenn Thomas anwesend gewesen wäre, als die beiden Jünger von Emmaus eintrafen und dann, kurz bevor Jesus erschien, den Raum verließ. Jedoch bleibt die Frage bestehen, warum erschien Jesus nicht, als Thomas mit den anderen Aposteln anwesend war? Oder warum wartete er, bis Thomas den Raum verlassen hatte? Oder warum verschwindet Jesus, bevor Thomas zu den anderen zurückkam? Entscheidend ist hier die Frage: Warum dauerte es eine Woche bis Jesus Thomas erschien?

Jesus wusste von dem Zweifel, den Thomas ihm gegenüber hegte; deswegen erschien er eine Woche später erneut. Alles, was Jesus hätte tun müssen, ist zu warten, bis Thomas zurückgekommen wäre. Warum denn verschwand er bevor Thomas kam?

Während der 18 Stunden erschien Jesus in Verkleidung vor Kleopas und dem anderen Jünger, die vom Raum in Jerusalem nach Emmaus unterwegs waren. Er manipulierte sie zu seinem Vorteil und als er sich ihnen dann zum Schluss für eine Sekunde zu erkennen gab, verschwand er von ihrer Seite, bevor sie ihn überhaupt berühren konnten. Im Hinblick auf die Woche zwischen der sonntäglichen Erscheinung vor den Aposteln um Mitternacht und der Erscheinung vor dem ungläubigen Thomas sind keine Informationen in Bezug auf den Aufenthalt von Jesus aufzufinden. Warum? Es ist möglich, dass die anderen Apostel eine Woche benötigten, um Thomas davon zu überzeugen, an Jesus zu glauben, ohne ihn zu berühren. Dann erst erschien Jesus erneut.

„Acht Tage später hatten sich die Jünger wieder versammelt. Diesmal war Thomas bei ihnen. Und obwohl sie die Türen wieder abgeschlossen hatten, stand Jesus auf einmal in ihrer Mitte und grüßte sie: ‚Friede sei mit euch!' Dann wandte er sich an Thomas: ‚Leg deinen Finger auf meine durchbohrten Hände! Gib mir deine Hand und leg sie in die Wunde an meiner Seite! Zweifle nicht länger, sondern glaube!' Thomas antwortete: ‚Mein Herr und mein Gott!' Jesus sagte zu ihm: ‚Du glaubst, weil du mich gesehen hast. Wie glücklich können erst die sein, die mich nicht sehen und trotzdem glauben!'" *(Johannes* 20:26-29)

Es steht nicht geschrieben, ob Thomas Jesus berührte, als Jesus ihn dazu aufforderte (klar ist, dies widerspricht der Nachricht, die Jesus Maria gab). Dies spricht dafür, dass Thomas seinen Glauben in Jesus setzte, ohne ihn zu berühren. Diese Tatsache bestätigt darüber hinaus, dass Thomas erst, als er ihn sah, ihm seinen Glauben schenkte.

Als Jesus am Sonntagmorgen Maria Magdalena erschien, sagte er: „Rühre mich nicht an! Denn ich bin noch nicht aufgefahren zu meinem Vater."

Gemäß *Apostelgeschichte* Kapitel 1 wird Jesus am 40. Tag nach seiner Auferstehung zu seinem sogenannten Vater in den Himmel auffahren.

Dies belegt: Niemand berührte Jesus, als er seinen Jüngern während der 40 Tage immer wieder erschien. Jesus ließ sich nicht etwa von niemandem berühren, weil er noch nicht zu seinem Vater aufgefahren war, sondern weil er nach seiner Kreuzigung als Geist zurückkam.

Ein katholischer Priester argumentierte, Jesus sei zu seinem Vater aufgefahren, nachdem er am Sonntag um Mitternacht seinen Jüngern erschienen sei—eine Woche bevor er Thomas erschienen sei. Wäre Jesus zu seinem Vater aufgefahren, nachdem er den Aposteln am Sonntag um Mitternacht erschienen war, um dann nach einer Woche auf die Erde zurückzukommen und Thomas zu erscheinen, dann wäre dies Jesu zweite Rückkehr. Tatsache ist, dass der Priester, der so argumentierte, zusammen mit Millionen anderer Menschen rund um die Uhr und um den Globus, noch immer auf die zweite Rückkehr von Jesus wartet!

Die Zwietracht

Einige Leute sagen, dass Christen die Moslems töten. Andere sagen, dass Moslems die Christen töten. Es ist nicht wichtig ob sie Moslems, Christen oder sogar Juden sind. Wenn ein Mensch das Leben eines Mitmenschen im Namen der „Religion“ nimmt, ist es der Teufel, unser Feind, der lacht.

Jesus wird unter Christen als Prinz des Friedens bezeichnet. Aber schon seine eigenen Worte beweisen das Gegenteil.

Lukas 12:49-51 „Ich bin gekommen, um auf der Erde ein Feuer zu entzünden, und ich wollte, es stünde schon in hellen Flammen. Aber ich muss noch eine Taufe auf mich nehmen—hätte ich sie doch schon hinter mir! Meint ihr, ich sei gekommen, um Frieden in die Welt zu bringen? Nein, nicht Frieden, sage ich euch, sondern Entzweiung!“

Wie kann ein Mensch mit gesundem Menschenverstand, eine Person ihren Retter der Welt nennen, wenn diese Person öffentlich verkündigt, dass der Grund seines Kommens ist, den Frieden der Welt zu zerstören und Entzweiung zu bringen? Wie wertlos ist der christliche Glaube.

Jesus verkündet in so vielen Worten, dass er unausgesprochenes Leid erduldet, da die Welt des Menschen noch nicht vom Feuer der Spaltung verzehrt ist. Der Hauptteil des vorliegenden Buches besteht darin, zu zeigen, dass Jesus und Satan ein und dieselbe Person sind. Satan bedeutet Betrüger. Jesus ist der Satan, der menschliche Gestalt annahm, um die Zerstörung der Menschheit voranzutreiben. Das meint Jesus, wenn er sagt: „ … wer mich gesehen hat, der hat auch meinen Vater gesehen.“ *(Johannes* 14:9) Jesus, der Pseudo-Mensch, stellt durch sich und in sich die betrügerische Maske dar, angelegt vom Satan, dem obersten der Teufel, dessen genannte Absicht der totale Untergang der Menschheit ist, versteckt unter dem Vorwand, sie retten zu wollen. Das folgende Zitat von Jeremia bestätigt dieses Argument.

Jeremia 4:10 „Sie werden klagen: ‚Herr, unser Gott, du hast dieses Volk und Jerusalem schwer betrogen! Du hast Frieden angekündigt, aber jetzt haben wir das Schwert im Nacken.‘“

So sagte der „liebe Gott“ der sogenannte Vater von Jesus in *Zephanja* 1:3 „Ich rotte die Menschen aus und die Tiere, auch die Vögel unter dem Himmel und die Fische im Meer, alles, was die Menschen zum Götzendienst verführt hat. Ja, ich werde alle Menschen vom Erdboden vertilgen."

In *Lukas* 12:49-51 tritt der nicht transformierte Satan hinter seiner Maske hervor. Mit anderen Worten: Jesus vergisst seine Maske und erscheint in seiner wahren Identität als Satan. Die Passagen *Lukas* 12:14-52 zeigen auf, wie der Abwurf der Maske vor sich ging. Jesus sagt in *Lukas* 12:40-41: „So müsst auch ihr jederzeit bereit sein; denn der Menschensohn wird zu einer Stunde kommen, wenn ihr es nicht erwartet."

Daraufhin erwiderte Petrus:

„Herr, bezieht sich der Vergleich mit dem Hausherrn auf alle oder nur auf uns Apostel?"

Die Aussage, dass er gekommen ist, um die Welt in Brand zu setzen, folgt dieser Frage. Jesus äußert sich so aufgrund seiner früheren Aussagen in *Lukas* 9:27: „Doch ich versichere euch: Einige von euch, die jetzt hier stehen, werden noch zu ihren Lebzeiten sehen, wie Gottes Herrschaft sich durchsetzt!"

Neben anderen waren alle seine zwölf Jünger dort anwesend. Die Jünger bezogen die oben zitierte Aussage natürlich auf sich. Aber derselbe Jesus sagte danach in *Lukas* 12:39-40 „Macht euch das eine klar: Wenn ein Hausherr im Voraus wüsste, zu welcher Stunde der Dieb kommt, würde er den Einbruch verhindern. So müsst auch ihr jederzeit bereit sein; denn der Menschensohn wird zu einer Stunde kommen, wenn ihr es nicht erwartet."

Jesus antwortet der legitimen Frage von Petrus, ob seine Erläuterung an andere oder an alle gerichtet sei, nicht. Der Grund dafür ist: Die Antwort weckt in Jesus die Angst, dass seine Identität als Satan auffliegen könnte. Hätte Petrus das wahre Gesicht von Jesus erkannt, gäbe es das sogenannte Christentum nicht mehr. Die Erkundigung von Petrus entfacht bei Jesu Angst, dass seine wahre Identität Petrus' schon bekannt ist. Diese Angst macht ihn panisch. Er verliert alle Vorsicht und lässt seine satanische Ader herausplatzen: Er sei gekommen, um auf der Erde ein Feuer zu entfachen, dass er froh wäre, wenn es schon brennen würde, und dass er sich taufen lassen müsse, und wie es ihn dränge, dass diese Zeremonie bald vollbracht gewesen wäre. Nur für Satan kann das Fortbestehen der Menschheit eine Last sein und ein Grund zum Jubel über die

Schwachen. Diese Art von Reaktion entspricht nur größtem Übel.

Jesus beseitigt alle möglichen Bedenken über seine Absicht. „Meint ihr, ich sei gekommen, um Frieden in die Welt zu bringen?“, fragt er unumwunden. „Nein, nicht Frieden, sage ich euch, sondern Entzweiung.“ Entzweiung ist das Gegenteil von Einigung. Jesus sagt aus, er sei gekommen, um Entzweiung zu bringen. Das würde heißen: Bevor Satan, in Jesus verwandelt, inmitten der Menschen erschien, kannte die Menschheit keine Entzweiung. Das Christentum und Jesus sind die Überbringer von Uneinigkeit und Streit zwischen den Menschen.

Der Teufel sagt weiter in *Lukas* 12:52-53 „Denn so wird es von nun an zugehen: Wenn fünf Menschen in einer Familie zusammenleben, werden drei gegen zwei stehen und zwei gegen drei. Der Vater wird gegen den Sohn sein und der Sohn gegen den Vater. Die Mutter wird gegen die Tochter sein und die Tochter gegen die Mutter. Die Schwiegermutter wird gegen die Schwiegertochter sein und die Schwiegertochter gegen die Schwiegermutter“

Schauen wir uns an, wie Satan, der gegenwärtig als Jesus bekannt ist, Entzweiung unter die

Menschheit brachte, die frei davon war. Die drei Religionen Judentum, Christentum und Islam, wurden alle von Gabriel, dem gefallenen Engel geschaffen. Der Islam beginnt mit Mohamed, dem Gabriel in einer Vision erschienen war und das Christentum beginnt mit einem ähnlichen Besuch von Gabriel bei Maria. Im Judentum erscheint Gabriel dem fliehenden Moses, sogar noch bevor Jehova erschien. *2.Mose* 3:2: „Dort erschien ihm der Engel des Herrn in einer lodernden Flamme, die aus einem Dornbusch schlug. Mose sah nur den brennenden Dornbusch, aber es fiel ihm auf, dass der Busch von der Flamme nicht verzehrt wurde."

Gemäß den jüdischen Schriften wird der zukünftige Herrscher von Israel aus Bethlehem in Judäa eintreffen. *Micha* 5:2: „Doch dir, Betlehem, im Gebiet der Sippe Efrat, lässt der Herr sagen: „So klein du bist unter den Städten in Juda, aus dir wird der künftige Herrscher über mein Volk Israel kommen. Sein Ursprung liegt in ferner Vergangenheit, in den Tagen der Urzeit."

Aber *Markus* 1:9 hält fest: „Zu dieser Zeit geschah es: Jesus kam aus Nazareth in Galiläa zu Johannes und ließ sich von ihm im Jordan taufen."

Gabriel erzählt Maria, dass Jesus der Sohn Gottes genannt wird. Und derselbe Gabriel sagt jedoch anschließend zu Mohamed, es läge nicht in Allahs Natur, einen Sohn zu haben. *Koran* 19:34-35: „Das ist Jesus, der Sohn Marias. Es ist das Wort der Wahrheit, woran sie zweifeln. Es steht Gott nicht an, sich ein Kind zu nehmen. Preis sei Ihm! Wenn Er eine Sache beschlossen hat, sagt Er zu ihr: Sei! Und sie ist."

Weiter heißt es im *Koran* 19:29-30: „Sie zeigten auf ihn (Jesus). Sie sagten: ‚Wie können wir mit dem reden, der noch ein Kind in der Wiege ist?' Er sagte: ‚Ich bin der Diener Gottes. Er ließ mir das Buch zukommen und machte mich zu einem Propheten.'"

Das Gebet im *Koran* 17:111 lautet: „Und sprich: Lob sei Gott, der sich kein Kind genommen hat, und der keinen Teilhaber an der Königsherrschaft hat und keinen Freund als Helfer aus der Erniedrigung!"

Weiter der *Koran* 18:4-5: „Und damit er diejenigen warne, die sagen: ‚Gott hat sich ein Kind genommen.' Sie haben kein (richtiges) Wissen davon, und auch nicht (früher) ihre Väter. Es ist ein ungeheuerliches Wort, das aus ihrem Munde herauskommt. Nichts als Lüge sagen sie da."

Es zeigt sich wiederholt, dass Jesus im Koran nicht der Sohn Gottes ist.

Es gibt nur eine Erklärung für diese Abweichungen grundlegender Natur: Die drei Schriften sind vom selben Wesen ausgestrahlt. Die Erklärung ist erneut in *Lukas* 12:51-52 zu finden: „Meint ihr, ich sei gekommen, um Frieden in die Welt zu bringen? Nein, nicht Frieden, sage ich euch, sondern Entzweiung. Denn so wird es von nun an zugehen: Wenn fünf Menschen in einer Familie zusammenleben, werden drei gegen zwei stehen und zwei gegen drei."

Religiöse Konflikte haben Kriege hervorgebracht, in denen schon Millionen ihr Blut vergossen haben, um ihren Glauben zu propagieren oder zu verteidigen, jeder in dem Glauben, dass das, was seine Schrift sagt, die Wahrheit sei, nicht wissend, dass sie alle falsch lagen.

Auf diese Weise kommandiert der *Koran* 2:216: „Vorgeschrieben ist euch der Kampf, obwohl er euch zuwider ist. Aber vielleicht ist euch etwas zuwider, während es gut für euch ist. Und vielleicht liebt ihr etwas, während es schlecht für euch ist. Und Gott weiß, ihr aber wisst nicht Bescheid."

Jesus alias oberster Teufel, der beschloss die menschliche Rasse zu zerstören, speist durch diese drei Pseudoschriften die religiöse Uneinigkeit.

Die 2000-jährige Geschichte des Christentums und die 1500-jährige Geschichte des Islams haben über 5000 Kriege auf der Erde verursacht. Helen Ellerbe, eine bekannte Autorin sagt in ihrem Buch, *„Die dunkle Seite der Geschichte der Christenheit"*

„Der Gedanke, die Menschheit könnte ohne Herrschaft und Gewalt leben, weit entfernt ein idealistischer Mythos zu sein, ist im Begriff, durch eine neue Sicht auf die Geschichte der Menschheit untermauert zu werden. Die Arbeiten von James Mellaart, Marija Gimbutas, and Riane Eisler illustrieren, dass die Menschheit für 25000 Jahre in Frieden lebte, also eine viel längere Zeitperiode als die 3500-5000 Jahre, welche in Krieg und unter Herrschaft gelebt worden war".

Der Heilige Geist: Die Wahrheit

In seinem letzten Gespräch mit den Jüngern informierte er sie falsch, als er sagte, dass nach seinem Tod, sein Vater den Heiligen Geist schicken würde. Er sagte ihnen auch aufrührerisch, dass der Heilige Geist ihr rechtzeitiger „Helfer" sei, und dass er sie an alles erinnern würde, was Jesus sie selbst gelehrt hatte *(Johannes* 14:26).

Vorher, in *Markus* 13:11, sprach Jesus so zu den gleichen Jüngern: „Wenn sie euch nun führen und überantworten werden, so sorget nicht, was ihr reden sollt, und bedenket auch nicht zuvor; sondern was euch zu der Stunde gegeben wird, das redet. Denn ihr seid's nicht, die da reden, sondern der Heilige Geist."

Stephan war der erste Jünger, der diese Versicherung in die Praxis umsetzte.

Er wurde durch das Gericht befragt, nachdem er gepredigt hatte—dies ist eine Parallele zu den jüdischen Schriften—, ob Jesus der Christus gewesen war. Er hielt eine lange Ansprache vor dem Gericht. Am Ende sagte er: „Ihr Halsstarrigen und Unbeschnittenen an Herzen und Ohren, ihr widerstrebt allezeit dem Heiligen Geist, wie eure Väter also auch ihr.“ *(Apostelgeschichte* 7:51).

„Da sie solches hörten, ging’s ihnen durchs Herz, und sie bissen die Zähne zusammen über ihn. Wie er aber voll Heiligen Geistes war, sah er auf gen Himmel und sah die Herrlichkeit Gottes und Jesu stehen zur Rechten Gottes und sprach: ‚Siehe, ich sehe den Himmel offen und des Menschen Sohn zur Rechten Gottes stehen.‘ Sie schreien aber laut und hielten ihre Ohren zu und stürmten einmütig auf ihn ein, stießen ihn zur Stadt hinaus und steinigten ihn. Und die Zeugen legten ihre Kleider ab zu den Füßen eines Jünglings, der hieß Saulus, und steinigten Stephanus, der anrief und sprach: ‚HERR Jesu, nimm meinen Geist auf!‘“ *(Apostelgeschichte* 7:54-59).

Der böse Geist oder der sogenannte Heilige Geist veranlasste zuerst Stephan, das Gericht wütend zu machen, indem er laut ihre Abstammung und Vorfahren beschimpfte. Stephan schaute zum Himmel hinauf und betrachtete ihn als Wohnsitz von Jesus. Der gleiche Geist bewegte ihn dazu, zu sagen, er sehe den offenen Himmel und Jesus stehe zur Rechten Gottes. Zu diesem Zeitpunkt steinigten sie Stephan zu Tode.

Stephan wurde durch das gleiche Gericht befragt wie vorher Jesus. Jesus war durch das Gericht gefragt worden: „ ‚Bist du Christus, der Sohn des Hochgelobten?' Jesus aber sprach: ‚Ich bin's; und ihr werdet sehen des Menschen Sohn sitzen zur rechten Hand der Kraft und kommen mit des Himmels Wolken.' " *(Markus* 14:61-62).

Stephan sieht ihn stehend. Jesus sagt, er werde sitzen. Seine ersten und folgenden Jünger haben darauf von Beginn an bis heute gewartet. Sie warten immer noch, ihn stehend zu sehen, bevor er landen wird. Die einfache Lektion, die damit gelernt werden kann, ist, dass Jesus alle belogen und zum Narren gehalten hatte, wie nur er das machen konnte, da er selbst der Satan, der oberste Teufel ist.

Für das erbärmliche Ende von Stephan und vieler anderer ist Jesus mit seinem Versprechen verantwortlich, einen Helfer zu schicken, aber er schickte den Henker, den er aufrührerisch Helfer nannte Über den Heiligen Geist sagt Jesus zu den Jüngern in *Johannes* 16:7, dass der Heilige Geist nicht kommen kann, solange er selbst physisch am Leben sei: „Aber ich sage euch die Wahrheit(!): es ist euch gut, dass ich hingehe. Denn so ich nicht hingehe, so kommt der Tröster nicht zu euch; so ich aber gehe, will ich ihn zu euch senden."

Das erste Ereignis, das nach Jesu sogenannter Auffahrt geschah, ist der Eintritt des Heiligen Geistes *(Apostelgeschichte* 2:1-4).

Der Heilige Geist kann nicht auf der Bühne erscheinen, solange Jesus hier präsent ist. Andererseits ist die Rückkehr von Jesus für das Ende des Zeitalters vorausbestimmt: „Und alsdann wird erscheinen das Zeichen des Menschensohnes am Himmel. Und alsdann werden heulen alle Geschlechter auf Erden und werden sehen kommen des Menschen Sohn in den Wolken des Himmels mit großer Kraft und Herrlichkeit." *(Matthäus* 24:30)

Kurz gesagt, Jesus kann auf der Erde vor dem Ende der Welt nicht erscheinen. *Apostelgeschichte* 3:21: „ … welcher muss den Himmel einnehmen bis auf die Zeit, da her wiedergebracht werde alles, was Gott geredet hat durch den Mund aller seiner heiligen Propheten von der Welt an."

Aber Jesus erscheint vorher und sogar noch mehr:

Apostelgeschichte 9:3-5: „Und da er (Paulus) auf dem Wege war und nahe an Damaskus kam, umleuchtete ihn plötzlich ein Licht vom Himmel; und er fiel auf die Erde und hörte eine Stimme, die sprach zu ihm: ‚Saul, Saul, was verfolgst du mich?‘ Er aber sprach: ‚HERR, wer bist du?‘ Der HERR sprach: ‚Ich bin Jesus.‘“

Apostelgeschichte 23:11 sagt weiter: „In der folgenden Nacht trat der Herr zu Paulus und sagte: ‚Sei unbesorgt! So wie du in Jerusalem mein Zeuge gewesen bist, sollst du auch in Rom mein Zeuge sein!‘“

Die oben genannten Zitate zeigen, dass Jesu Erzählung von seiner Auffahrt in den Himmel und von seinem Sitzen zur Rechten des Vaters aufrührerische Lügen sind.

Inmitten weiterer ins Gegenteil verkehrter Aussagen sagt Jesus auch in *Johannes* 3:13: „Und niemand fährt gen Himmel, denn der vom Himmel herniedergekommen ist, nämlich des Menschen Sohn, der im Himmel ist.“

Wenn man diese prunkvollen Worte entwirrt, liest man: „Niemand hat es von der Hölle zum Boden gebracht, aber er ist hier heruntergefallen, der Sohn Satans.“

Jesus ist nicht zum Himmel aufgefahren. Es ist für einen Erzengel wie ihn, der durch den Antrieb unrechter Taten zur Unterwelt gefallen ist, nicht möglich, hier einen erneuten Eintritt zu finden.

Dies lässt Zweifel an der Existenz des Heiligen Geistes aufkommen. Der sogenannte Heilige Geist ist nichts anderes als ein verändertes Gegenstück von Jesus.

Das Schicksal der Apostel

Jesus behauptete und versprach vieles: „Ich bin der gute Hirte. Ein guter Hirte setzt sein Leben für die Schafe ein." *(Johannes* 10:11)

Ob er ein guter Hirte oder der Wolf im Schafspelz war, kann nur durch richtige Analysen der Fakten bewiesen werden.

Lasst uns unsere Analyse mit den folgenden Worten von Jesus beginnen:

„Ihr sollt euch auch nicht Lehrer nennen lassen, weil ihr nur einen Lehrer habt: Christus." *(Matthäus* 23:10).

Nun schauen Sie, wie Jesus reagierte, als ihn jemand Lehrer nannte:

„Jesus wurde von einem angesehenen und reichen Mann gefragt: ‚Guter Lehrer, was muss ich tun, um das ewige Leben zu bekommen'?' Jesus entgegnete: ‚Weshalb nennst du mich gut? Es gibt nur einen, der gut ist, und das ist Gott.'" *(Lukas* 18:18-19)

Von den beiden Worten „guter Lehrer" akzeptierte er ein Wort, das andere lehnte er ab. Er akzeptierte das Wort „Lehrer“, aber er lehnte ab, dass man ihn „gut “ nannte. Das heißt, er akzeptierte es, ein Lehrer zu sein, aber er akzeptierte es nicht, ein guter Lehrer zu sein. Er fragte: „Warum nennst du mich gut?“ Er sagte: „Da ist niemand gut.“

Wenn Jesus gut wäre, hätte er nicht gefragt: „Warum nennst du mich gut?“ Jesus sagt nicht nur, dass es falsch war, ihn gut zu nennen, sondern er sagt auch, dass es falsch wäre, irgendjemanden außer Gott gut zu nennen. Es wird allgemein geglaubt, dass Jesus der einzige und alleinige Sohn Gottes ist. Das sogenannte Neue Testament unterstützt diesen Glauben in den ersten Zeilen von Markus: „Dies ist die rettende Botschaft von Jesus Christus, dem Sohn Gottes“. In seiner ersten Bergpredigt sagte er: „ … ein guter Baum kann keine schlechten Früchte tragen und ein schlechter Baum kann keine guten Früchte tragen.“ *(Matthäus* 7:18)

Wenn ein guter Baum keine schlechten Früchte produzieren kann und wenn Jesus der Sohn Gottes ist, was ist denn daran falsch, wenn er gut genannt wird? Wir wissen, dass Jesus nicht gut genannt werden will.

Die Christen glauben an die Dreifaltigkeit: Gott Vater, Gott Sohn und Heiliger Geist.

Das Wort Dreifaltigkeit ist definiert als „die Gemeinschaft von Vater, Sohn und Heiligem Geist als drei Personen in einer Gottheit entsprechend dem christlichen Dogma“. *(Merriam Webster's)* Der Sohn in der Dreifaltigkeit wird von Jesus repräsentiert. Entsprechend den Worten von Jesu ist niemand gut außer Gott, den der Vater in der Dreifaltigkeit darstellt. Wenn nur die Vaterfigur der Dreifaltigkeit gut ist, sind die anderen beiden, das heißt Jesus und der Heilige Geist, schlecht. Der Heilige Geist schwängerte Maria, die Mutter von Jesus. War dann Maria auch schlecht?

Als diese Frage einem Gläubigen gestellt wurde, sagte dieser, Jesus habe nur gesagt, es sei niemand gut, er habe nicht gesagt, es seien alle böse.

Wer ist gut und wer ist schlecht? Schlecht ist derjenige, der daran denkt, jemanden ohne Grund zu verletzen. Gut ist, wer keine solchen Gedanken hegt. Das heißt, derjenige, der schlecht ist, ist nicht gut und derjenige, der gut ist, ist nicht schlecht. Deshalb muss jemand, der nicht gut ist, schlecht sein und umgekehrt.

„Ich und der Vater sind eins.“ *(Johannes* 10:30)

Jesu Worte, das niemand gut sei, ist gleichbedeutend mit der Aussage, alle seien schlecht. Jesus sagte also, alle seien schlecht außer Gott und es wird angenommen, dass dieser Gott sein Vater ist. Wenn Jesus nicht gut ist und sein Vater der Einzige ist, der gut ist, warum sagte er dann: „Ich und der Vater sind eins"? *(Johannes* 10:30)

Und weiter. Philippus sagte: „Herr, zeig uns den Vater, dann sind wir zufrieden!" Jesus entgegnete ihm: „Ich bin nun schon so lange bei euch, und du kennst mich noch immer nicht, Philippus? Wer mich gesehen hat, der hat auch den Vater gesehen. Wie also kannst du bitten: ‚Zeig uns den Vater'? Glaubst du nicht, dass ich im Vater bin und der Vater in mir ist?" *(Johannes* 14:8-10)

Wenn Jesu Vater die einzige und alleinige gute Person ist und wenn diese Person in Jesus ist, wie er vor Philip behauptete, wie kann dann Jesus sagen, er sei nicht gut? Entsprechend Jesu eigenen Worten haben alle, die Jesus gesehen haben, nur eine schlechte Person gesehen, aber alle, die Jesu Vater gesehen haben, haben die einzige gute Person gesehen. Es ist deshalb falsch zu sagen, dass diejenigen, die Jesus gesehen haben, seinen Vater gesehen haben.

Dies hat Jesus über seinen Vater und über sich gesagt: **1.** Er und sein Vater sind eins. **2.** Sein Vater ist in ihm und er ist in seinem Vater. **3.** Diejenigen, die ihn gesehen haben, haben seinen Vater gesehen. Wenn diese Aussagen wahr wären, müsste Jesu Vater auch ein schlechtes Wesen sein. Die „Heilige Bibel" gibt viele Zeugnisse, um den Charakter von Jesu Vater zu beweisen. Hier ist ein perfektes Beispiel: „Dann sah ich einen Engel, der stand in der Sonne. Er rief allen Vögeln, die hoch am Himmel flogen, mit lauter Stimme zu: ‚Kommt, versammelt euch für **Gottes großes Festmahl**! **Kommt und fresst das** Fleisch von Königen, Heerführern und Kriegern! Fresst das Fleisch der Pferde und ihrer Reiter, das **Fleisch von allen Menschen**, von Sklaven und Freien, von Hohen und Niedrigen!'" *(Offenbarung* 19:17-18)

Jesus sagt, dass es keine Guten gibt, abgesehen von diesem schrecklichen Wesen, das von einem Bankett träumt mit dem Fleisch aller Lebewesen, was auch meint: Mit ihrem Fleisch und meinem. Es ist schon schrecklich, sich dies nur vorzustellen. Die Wahrheit ist genau das Gegenteil von dem, was aus Jesu Mund kam: Niemand ist so schlecht wie der „Gott der Bibel".

Jesus musste also sagen, dass das schlimmste Wesen das einzige gute Wesen ist. Indem Jesus solch eine Lüge äußerte, versuchte er, Gott durch Luzifer zu ersetzen. Dies ist, als wenn man Medizin durch Gift ersetzte, es ist nicht das, was man von dem „Retter der Welt“ erwarten würde. Jesus ist nicht der Retter der Welt. Seines Vaters Traum ist, ein Bankett vorzubereiten mit dem Fleisch aller Lebewesen, während der Sohn sagt, der Vater habe ihn gesandt, um die Welt zu retten!

Es ist wie bei heutigen Politikern; was sie sagen und was sie tun, hat keine Beziehung zueinander—was Jesus sagte und was er tat, widersprach sich immer. Jesus ist also, wenn man so will, der Vorfahre der heutigen Politiker.

Jesus, der sagt, dass niemand gut sei, behauptet, er sei ein guter Hirte. Wenn es falsch ist, Jesus einen guten Lehrer zu nennen, ist es auch nicht richtig, ihn einen guten Hirten zu nennen. Deswegen ist seine Behauptung falsch, er sei ein guter Hirte.

Jesus erklärte die Eigenschaften eines guten Hirten mit einer Parabel: „Was dünkt euch? Wenn irgendein Mensch hundert Schafe hätte und eins unter ihnen sich verirrte: Lässt er nicht die neunundneunzig auf den Bergen, geht hin und sucht das verirrte? Und so sich's begibt, dass er's findet, wahrlich ich sage euch, er freut sich darüber mehr denn über die neunundneunzig, die nicht verirrt sind.“ *(Matthäus* 18:12-13)

Dieser Parabel entsprechend ist ein guter Hirte jemand, der die Herde verlässt und ein verlorenes Schaf suchen geht. Der Charakter von Jesus war ausnahmslos verschieden vom Charakter des Mannes in der Parabel: „Von dem an gingen seiner Jünger viele hinter sich und wandelten hinfort nicht mehr mit ihm. Da sprach Jesus zu den Zwölfen: ‚Wollt ihr auch weggehen?‘“ *(Johannes* 6:66-67)

Jesus hätte seine zwölf Apostel verlassen sollen und jene suchen sollen, die ihn verlassen hatten. Er bemühte sich aber nicht jene zurückzubringen, die ihn verlassen hatten, er fragte sogar diejenigen, die bei ihm waren, ob sie ihn auch verlassen wollten. Das heißt: Der Charakter von Jesus war das Gegenteil des guten Hirten in der Parabel.

Jesus sagte zu seinen Jünger: „Geht hin; siehe, ich sende euch als die Lämmer mitten unter die Wölfe.“ *(Lukas* 10:3) Wüsste ein guter Hirte nicht, dass man die Schafe nicht zu den Wölfen schickt?

Schauen wir mal auf die Belohnung, die er seinen Aposteln verspricht: „Jeder, der sein Haus, seine

Geschwister, seine Eltern, seine Frau, seine Kinder oder seinen Besitz zurücklässt, um mir zu folgen, wird dies alles hundertfach zurückerhalten und das ewige Leben empfangen.“ *(Matthäus* 19:29)

Und nun schauen wir, welche Belohnung sie wirklich dafür bekamen, dass sie ihre Familien verließen und Jesus folgten. Beginnen wir mit Simon Petrus: Er wurde kopfabwärts an einem römischen Kreuz gekreuzigt. Er starb während der Herrschaft Neros durch die Kreuzigung. Dies ist die Belohnung für den ersten Jünger, der Jesus „Sohn Gottes“ nannte. Da antwortete Simon Petrus und sprach: „Du bist Christus, des lebendigen Gottes Sohn!“ *(Matthäus* 16:16)

Andreas: Bruder von Simon Petrus: Er wurde auf Befehl des römischen Regenten Aegeates in Patrae in Achaia, Griechenland, an ein x-förmiges Kreuz genagelt. Dies geschah ebenfalls während der Herrschaft Neros am 30. November im Jahre 60.

Jakobus: Sohn von Zebedee und Bruder von Johannes: Jakobus wurde geköpft: „Um diese Zeit legte der König Herodes die Hände an etliche von der Gemeinde, sie zu peinigen. Er tötete aber Jakobus, den Bruder des Johannes, mit dem Schwert.“ *(Apostelgeschichte* 12:1-2)

Johannes: Sohn von Zebedee: Johannes starb im hohen Alter. Johannes war der einzige der zwölf Apostel, der ein hohes Alter erreichte. (Der Grund, warum Jesus Johannes alt werden ließ, wird im Kapitel 6 im Abschnitt „Betrug, dein Name ist Maria-Jesus“ erklärt).

Philippus: Philippus ging nach Karthago, Griechenland, Phrygia und Syrien, wo er predigte und Wunder bewirkte. Der Apostel wurde gekreuzigt und zu Tode gesteinigt.

Bartholomäus: Es wird angenommen, dass der Apostel Bartholomäus (also bekannt als Nathaniel) in Armenien, Indien, Mesopotamien, Persien und Phrygia gepredigt hatte. Es wird behauptet, dass er lebend gehäutet und dann gekreuzigt wurde.

Thomas: Der Apostel Thomas (auch bekannt als Didymus) predigte in Persien und in Indien, wo er von vier Soldaten, die mit Speeren bewaffnet waren, getötet wurde.

Matthäus: Matthäus predigte in Persien und Äthiopien und es wird angenommen, dass er mit einer Axt in Naddabar in Äthiopien erschlagen wurde.

Jakobus: Sohn von Alphaeus: Der Apostel Jakobus predigte in Syrien und es wird angenommen, dass er mit einer Keule erschlagen wurde.

Thaddäus: Der Apostel Thaddäus (auch bekannt als Judas oder Jude, Bruder von Jakobus) wurde in Edessa gekreuzigt.

Simon der Eiferer: Er reiste durch viele Teile des Römischen Reiches und es wird angenommen, dass er in Persien gekreuzigt wurde.

Judas: Sohn von Iscariot: Die Bibel gibt zwei völlig verschiedene Berichte über den Tod von Judas Iscariot: „Und er warf die Silberlinge in den Tempel, hob sich davon, ging hin und erhängte sich selbst." *(Matthäus* 27:5)

„Dieser hat erworben den Acker, um den ungerechten Lohn und ist abgestürzt und mitten entzwei geborsten, und all sein Eingeweide ausgeschüttet." *(Apostelgeschichte* 1:18) Wie auch immer, er starb nicht eines natürlichen Todes.

Matthias: Matthias der Judas von Iscariot ersetzte: Matthias wurde nach dem Tod von Judas Iscariot zum Apostel gewählt. Er predigte in Syrien, kehrte dann nach Rom zurück, wo er verbrannt wurde, wie angenommen wird.

Zurück zum Kapitel 6, *Johannes:* Alle, die den guten Hirten verlassen hatten, hatten sehr wahrscheinlich ein normales Leben und einen normalen Tod und alle, die beim guten Hirten geblieben waren, hatten ein trauriges Leben und einen schrecklichen Tod. Dies ist die Geschichte vom „Guten Hirten" und seiner Herde.

Jesus war nicht der erste religiöse Führer. Es gab vor ihm und nach ihm religiöse Führer. Vor ihm lebte zum Beispiel Buddha. Dessen Anhänger wurden aber nicht auf so bestialische Arten ermordet. Warum geschah dies nur mit den Anhängern von Jesus? Die anderen religiösen Führer gaben nicht solche Versprechen (für ein ewiges Leben) wie Jesus. Deren Anhänger führten ein normales Leben und starben eines natürlichen Todes.

Tatsache ist, dass die Apostel überall auf der Welt predigten, dass Jesus der gute Hirte sei. Aber genau dies war dann der Grund, weshalb sie, die Schafe, ihr Leben auf solch brutale Weise verloren hatten. War Jesus wirklich ein guter Hirte oder nicht eher der böse Wolf?

Der Antichrist

Das Neue Testament des obersten Teufels enthält am Ende eine Passage, die auf provokative Art ihren eigenen Killer identifiziert—den „Antichristen“ in der christlichen Terminologie—in der Art einer arithmetischen Figur.

„Hier ist Weisheit! Wer Verstand hat, der überlege die Zahl des Tiers; denn es ist eines Menschen Zahl, und seine Zahl ist 666.“ *(Offenbarung* 13:18)

Offensichtlich weiß der Sprecher, wer „666“ repräsentiert. Da er damit nicht klar kommt, will er offensichtlich den Namen der Person versteckt behalten.

Den Mann hinter der Nummer herauszufinden, ist eine Aufgabe für Intelligente. „Findet es heraus, wenn ihr es könnt“, fordert die alte Schrift die Leser heraus. Der Hinweis, der gegeben wird, besteht darin, dass sie für einen Menschennamen steht.

Weil dieser Passus zur Bibel gehört und der Autor für kluge Köpfe schrieb, die imstande sind, die wahre Bedeutung herauszufinden, kann der

Schluss gezogen werden, dass die angesprochene Person in der Bibel gefunden werden kann. Wie sonst kann der Autor sagen, dass der Intelligente es auf gebührende Art und Weise herausfinden könnte? Die beiden Hinweise „hier ist die Weisheit“ und „wer Verstand hat“ deuten darauf hin, dass der Schlüssel zu der Nummer in der Bibel selbst liegt.

Wenn man 666 sagt oder schreibt, dann meint man damit nur die Nummer—6. Die anderen beiden Sechsen sind nur Wiederholungen der ersten Sechs. In der Offenbarung des Johannes, sagt Jesus nicht 666, sondern 6-6-6. Daraus folgt, dass man anstatt ein „Tier“ mit der Nummer 666, eines mit der Nummer 6 suchen sollte.

Gibt es ein Wesen in der Bibel, das mit der Nummer 6 identifizierbar ist?

Es existiert tatsächlich solch ein Wesen in der Bibel. Es ist nichts anderes als das Wesen, das als Vater der Menschheit in der Bibel dargestellt wird, nämlich Adam.

„Und Gott sprach: ‚Lasst uns Menschen machen, ein Bild, das uns gleich sei“ *(Genesis* 1:26)

„Und es geschah also. Und Gott sah alles an, was er gemacht hatte; und siehe da, es war sehr gut.

Da ward aus Abend und Morgen der sechste Tag." *(Genesis* 1:31)

Die Schöpfung des Menschen in der Bibel war am sechsten Tag vollendet.

Also ist der Mensch in der Bibel assoziiert mit der Nummer 6.

In *Offenbarung* 13:18 steht, dass der Name für eines Menschen Name stehe. Was Jesus tatsächlich sagte, war, dass die Nummer für den ersten Menschen Name stehe. Das ausschlaggebende Wort „ersten" ist aus Widerstand gegen die Wahrheit unterdrückt worden.

Der Mensch in *Offenbarung* 13:18, den Jesus und das Christentum als Antichristen anschauen, ist dasselbe Wesen mit Namen Adam aus der Genesis. Weil Adam als der erste Mensch dargestellt wird und die ganze Menschheit als von ihm abstammend bezeichnet wird, wird deutlich, dass Jesus die ganze Menschheit als seinen Killer darstellt.

Der Antichrist ist der Gegner von Jesus.

Weil Jesus die ganze Menschheit als seinen Feind bezeichnet, ist Jesus der Feind der Menschen, mit anderen Worten, der oberste Teufel.

Der Grund, warum Jesus die Identität seines Feindes nicht einfach enthüllt, obwohl er es könnte, ist, weil die Worte an den gleichen Feind gerichtet sind.

Petition

Die unten aufgeführte Petition wurde mehreren Justizdepartementen, Untersuchungsrichterämtern und dem Bundesgericht der Schweiz, sowie an den europäischen Gerichtshof in Luxemburg geschickt. Noch immer warten wir auf Gerechtigkeit. Wie man weiß: Aufgeschobene Gerechtigkeit ist verweigerte Gerechtigkeit. Es gibt nur diesen Weg, die Angelegenheit öffentlich zu machen, nämlich mit diesem Buch.

Die Bibel darf Kindern weder gezeigt, noch darf sie unter ihnen verbreitet werden. Dieses Buch enthält gewalttätige Verse, pornografische Geschichten und Texte, in denen Sodomie und Inzest vorliegen. Wir Bittsteller begehren eine Zensurierung der Bibel für Kinder unter 16 Jahren und begründen folgendermaßen:

Es ist der Wunsch und das Recht eines jeden Kindes von seinen Eltern geliebt zu werden. Jede Mutter und jeder Vater wünscht die Liebe ihres/seines Kindes. In unserer Gesellschaft legt man mehr denn je Wert darauf, dass man sein Kind nicht mit Liebesentzug bestraft. Doch der

Entzug von Liebe ist nicht nur für Kinder schlimm, Eltern leiden genauso, wenn ihr Kind keine Zuneigung zeigt. Sogar das Strafgesetzbuch äußert sich zur Verletzung der Fürsorge- und Erziehungspflicht. Nun steht es aber in der Bibel geschrieben, dass man seinen Vater und seine Mutter hassen müsse, um Jesus folgen zu dürfen: „Wenn jemand zu mir kommt und hasst nicht seinen Vater und [seine] Mutter und [seine] Frau und [seine] Kinder und [seine] Brüder und [seine] Schwestern, ja selbst seine eigene Seele, so kann er nicht mein Jünger sein.“ *(Lukas* 14:26).

Wie begegnen diese Worte einem Kind? Ein Kind weiß noch nichts über Strafgesetzbücher oder die Folgen von Liebesentzug. Das erwähnte Zitat erwünscht Hass innerhalb der Familie, damit man von Jesus akzeptiert wird. Es will den Kindern unserer Welt weismachen, dass die Liebe unserer Väter und Mütter nichts Gutes ist. Liebe und Hass kann man auf verschiedene Arten interpretieren, doch diese zwei Gegensätze werden nur auf eine Art definiert: Liebe bedeutet „Gutes, Angenehmes“ und ist im engeren Sinne die Bezeichnung für die stärkste Zuneigung, Hass ist eine menschliche Emotion scharfer Antipathie und steht allgemein für die stärkste Form der Abneigung (Definition: *Duden).* Laut Bibel also erhält man die Zuneigung von Jesus nur dann, wenn man seine eigene Familie und sich selber abneigt. Ein Buch, das den Hass und seine Folgen gutheißt, darf für Kinder niemals zugänglich sein! Deshalb fordern wir das ehrenwerte Gericht auf, die Verbreitung der Bibel unter Kindern zu verhindern. Es ist eine weitverbreitete Lehre der Kirche, dass man nach dem Tode nur in den Himmel kommt und ins „Ewige Leben" eintreten kann, wenn man Jesus folgt. Mit anderen Worten: Ohne den Glauben an Jesus wird man ins „Ewige Feuer", d.h. in die „Hölle" verbannt. Somit müsste man nach den Worten Jesus seinen eigenen Vater, seine Mutter, Frau, Kinder, Brüder, Schwestern und sich selbst hassen, um von Jesus geliebt zu werden und ihm folgen zu dürfen.

Die Bittsteller glauben, dass sie in einem Land leben, in dem Mann und Frau als gleichwertig behandelt werden. Freiheit wird beiden ohne Diskriminierung des Geschlechts gewährt. Doch die Bibel lehrt das Gegenteil. Gemäß der Bibel verdient die Frau keine Liebe, auch wenn sie ihren Mann liebt. Siehe *Genesis* 3:16. Zur Frau sagte er: „Ich werde die Mühsal deiner Schwangerschaft sehr mehren; mit Geburts-schmerzen wirst du Kinder hervorbringen, und dein tiefes Verlangen wird nach deinem Mann sein, und er wird über dich herrschen".

Eine Frau, die ihren Mann liebt, wird von ihm beherrscht, sagt die Bibel. Gemäß den Worten der Bibel und deren Gott muss der Mann ein Herrscher und die Frau seine Sklavin sein. Diese Vorstellung eines Zusammenlebens von Mann und Frau ist nicht akzeptabel, untragbar und steht völlig im Gegensatz zu den gelebten fundamentalen Prinzipien unserer modernen Gesellschaft. Unsere Gesellschaft hat diese unmoralische Hierarchie erkannt und sich gegen diese gewehrt. Unsere Gesellschaft sagt „Ja" zur Geschlechtergleichheit, die Bibel sagt dazu ganz klar „Nein". Wir leben im völligen Gegensatz zu dem, was die Bibel uns lehrt, wir folgen ihren Ansätzen und ihrer Moral schon lange nicht mehr. Jeder, der sich mit dem Inhalt der Bibel auseinandersetzt, wird an seinen bisherigen Wertvorstellungen zweifeln. Die Bibel kann Kinder durchaus zur Gefährdung der gesellschaftlichen Fortschritte verleiten. Knaben werden Frauen nicht respektieren, sondern beherrschen wollen, wenn sie nach den Prinzipien der Bibel leben.

In der Bibel steht die Geschichte des Inzests zwischen einem Vater und seinen beiden Töchtern geschrieben. *Genesis* 19:31-36 „Und die Erstgeborene sagte dann zu der Jüngeren: ‚Unser Vater ist alt, und da ist kein Mann im Land, der mit uns Beziehungen haben könnte nach der Weise der ganzen Erde. Komm, lass uns unserem Vater Wein zu trinken geben und uns zu ihm legen und uns Nachkommen von unserem Vater erhalten.‘ So gaben sie ihrem Vater während jener Nacht wiederholt Wein zu trinken; dann ging die Erstgeborene hinein und legte sich zu ihrem Vater; er aber wusste nicht, wann sie sich niederlegte und wann sie aufstand. Und es geschah am nächsten Tag, dass dann die Erstgeborene zu der Jüngeren sprach: ‚Siehe, ich habe mich die vergangene Nacht zu meinem Vater gelegt. Lass uns ihm auch heute Nacht Wein zu trinken geben. Dann geh du hinein, leg dich zu ihm, und wir wollen uns Nachkommen von unserem Vater erhalten.‘ Da gaben sie ihrem Vater auch während jener Nacht wiederholt Wein zu trinken; dann stand die Jüngere auf und legte sich zu ihm, er aber wusste nicht, wann sie sich niederlegte und wann sie aufstand. Und die beiden Töchter Lots wurden von ihrem Vater schwanger.“

Diese Geschichte enthält folgende Botschaften: **1.** Wenn kein geeigneter Sexualpartner vorhanden ist, nimm ein Familienmitglied (hier den Vater), Inzest. **2.** Die Ermöglichung mit einer Person gegen deren Willen sexuell zu verkehren, Vergewaltigung. **3.** Alkohol ist ideal, um dir jemanden gefügig zu machen. **4.** Beziehung zwischen Alkohol und Perversion.

Das Wiederholen der Worte „und er merkte nichts, weder wie sie zu ihm kam noch wie sie von ihm aufstand“ hebt die Möglichkeit hervor, einen Mann so betrunken zu machen, dass er den Geschlechtsverkehr mit seiner eigenen Tochter nicht mehr wahrzunehmen fähig ist. Der Staat verbietet Inzest. Wer mit einem Blutsverwandten in gerader Linie oder einem voll- oder halbbürtigen Geschwister den Beischlaf vollzieht, wird mit Freiheitsstrafe bis zu drei Jahren oder Geldstrafe bestraft. Sogar das Gesetzbuch der katholischen Kirche, für welche die Bibel ebenso als Grundlage ihrer Religion gilt, verbietet Inzest. Inzest wird in aller Hinsicht abgelehnt, doch in jenem Buch, das als heilig gilt, wird genau dies gutgeheißen. Wie kann legitimiert werden, dass derartige Ideen unter Kindern verbreitet werden, obwohl deren Ausführung schon lange als Straftat gilt?!

Noch ist die Bibel für Kinder frei verfügbar, das Buch mit seinen widerwärtigen Geschichten steht ihnen jederzeit offen. Ein Erwachsener weiß sehr wohl, dass solch eine Tat weder gutgeheißen werden kann, noch rechtlich erlaubt ist. Ein Kind, dem die Bibel als Grundlage für ein glückliches Leben dargelegt wird, ist nicht in der Lage, dies zu beurteilen.

Die Kirche ist entschlossen, trotz unzähliger inakzeptabler Verse der Bibel, diese als Glaubensgrundlage für den Menschen gutzuheißen. Sie benennt die Bibel als „Heilige Schrift“, als „das Wort Gottes“ und verschleiert mit diesem Titel deren negativen Einflüsse auf die Menschheit. Die Bittsteller glauben, dass jeder die Verpflichtung seinen Kindern gegenüber hat, diese vor dem Einfluss eines Buches wie die Bibel zu schützen. Jeder, der sein Kind vor Büchern mit widerrechtlichen Inhalten schützt, sollte sein Kind auch vor dem Inhalt der Bibel schützen.

Gewisse Verse in der Bibel sollten nach Meinung der Bittsteller keinesfalls von Kindern gelesen werden. Nachfolgend werden einige davon für den Untersuchungsrichter zitiert.

1. „Glücklich wird der sein, der deine Kinder ergreift. Und wirklich an dem zerklüfteten Felsen zerschmettert.“ *(Ps.* 137:9).

Kinder unter 16 Jahren sind nicht für jede Tat urteilsfähig. Wenn ihnen die Bibel, das „Wort Gottes“, zugänglich ist, besteht durchaus die Möglichkeit, dass ein Kind das Töten als „Weg zum Glück“ rechtfertigt.

2. „Und ihr werdet bestimmt Fett fressen zur Sättigung und Blut trinken zur Trunkenheit von meinem Schlachtopfer, das ich für euch schlachten will. Und ihr sollt an meinem Tisch gesättigt werden von Pferden und Wagenlenkern, starken Männern und allerart Kriegern ist der Ausspruch des Souveränen Herrn Jehova“ *(Ezekiel* 39:19-20).

Wir Bittsteller glauben, dass Kinder unter 16 Jahren durch das Lesen oder Anhören solcher Verse ihre Werte und Ansichten verändern. Kein Kind sollte aufgrund des biblischen Einflusses negative Gedanken hegen oder gar zu einem schlechten Menschen werden.

3. „Und du sollst zum Boden Israels sagen: ‚Dies ist, was Jehova gesprochen hat: »Siehe, ich bin gegen dich, und ich will mein Schwert aus seiner Scheide ziehen und aus dir den Gerechten und den Bösen wegtilgen«.‘“ *(Ezekiel* 21:3).

Dieser Vers wird als Mitteilung Gottes verkündet. Ein Kind glaubt an dessen Wahrheit und kann das Töten möglicherweise als Gottes Wille interpretieren, da Gott dies laut Bibel auch tut.

„Und du, O Menschensohn—prophezeie, und schlage Handfläche gegen Handfläche, und ‚Ein Schwert!‘ sollte dreimal wiederholt werden. Das Schwert der Erschlagenen ist es. Es ist das Schwert eines Erschlagenen, der groß ist, das sie umkreist. Damit das Herz schmilzt und [um] die zu mehren, die gestürzt werden an allen ihren Toren, will ich eine Schlachtung durch das Schwert herbeiführen. Ha, zum Blitzen ist es gemacht, zur Schlachtung geschliffen! Erweise dich als scharf; geh nach rechts! Beziehe deine Stellung; geh nach links, wohin immer dein Gesicht gerichtet ist! Und auch ich selbst werde meine eine Handfläche gegen meine andere Handfläche schlagen, und ich will meinen Grimm stillen. Ich selbst, Jehova, habe geredet." *(Hesekiel* 21:14-17).

Wir Bittsteller glauben, der „Gott der Bibel" spricht wie ein Wesen, das Freude am Töten hat. Freude am Töten verspüren psychopathische Persönlichkeiten, welche in Horrorfilmen zu sehen sind. Ein Wesen, das vergnügt Menschen erschlägt und schlachtet, wird nach unserer Vorstellung niemals als Gott bezeichnet. Deshalb bitten die Bittsteller das ehrenvolle Gericht, dass die Bibel umgehend für Minderjährige verboten wird.

4. „Und die von Jehova Erschlagenen werden schließlich an jenem Tag gewiss von einem Ende der Erde bis zum anderen Ende der Erde sein. Sie werden nicht beklagt, noch werden sie zusammengesammelt, noch begraben werden. Zu Dünger auf der Oberfläche des Erdbodens werden sie werden.“ *(Jeremia* 25:33).

5. „Und ich will vier Familien über sie bestellen, ist der Ausspruch Jehovas, das Schwert zum Töten und die Hunde zum Fortschleifen und die fliegenden Geschöpfe der Himmel und die Tiere der Erde zum Fressen und zum Verderben.“ *(Jeremia* 15:3).

Menschliche Körper werden vom biblischen Gott mit Dung verglichen. Der biblische Gott sagt, dass alle menschlichen Wesen von einem Ende zum anderen Ende der Erde geschlachtet werden sollen. Was für ein Horrorszenario für unsere Kinder!

6. „Um euer selbst willen lasst ab von dem Erdenmenschen, dessen Odem in seiner Nase ist, denn auf welcher Grundlage ist er selbst in Betracht zu ziehen?“ *(Jesaja* 2:22).

Der Mensch ist ein soziales Wesen, das sich an seinen Mitmenschen orientiert. Vertrauen ist deshalb die Grundlage für ein glückliches Zusammenleben. Aus diesem Grunde bitten wir Bittsteller dieses Gericht, die Bibel, welche Misstrauen lehrt, zu verbieten. Diese Art von gemeinschaftsfeindlichen Ideen sollte keinesfalls Kinder beeinflussen.

7. „Und ich bin voll des Grimmes Jehovas geworden. Ich bin müde geworden, an mich zu halten. Ergieße [ihn] über das Kind auf der Straße und zur selben Zeit über die vertraute Gruppe junger Männer; denn auch sie werden ergriffen werden, ein Mann samt seiner Frau, ein alter Mann samt einem Hochbetagten. Und ihre Häuser werden gewiss anderen zum Besitz übergeben werden, die Felder und die Frauen zur selben Zeit. ‚Denn ich werde meine Hand gegen die Bewohner des Landes ausstrecken' ist der Ausspruch Jehovas." *(Jeremia* 6:11-12).

8. „Führt einen Rechtsfall mit eurer Mutter; führt einen Rechtsfall, denn sie ist nicht meine Frau, und ich bin nicht ihr Mann. Und sie sollte ihre Hurerei von sich entfernen und ihre Taten des Ehebruchs zwischen ihren Brüsten hinweg, damit ich sie nicht nackt ausziehe und sie tatsächlich hinstelle wie am Tag ihrer Geburt und sie wirklich einer Wildnis gleichmache und sie gleich einem wasserlosen Land hinlege und sie durch Durst zu Tode bringe." *(Hosea* 2:2-3)

Der „Gott der Bibel" sagt, „klage deine Mutter an", und weiter, „sie ist nicht länger deine Ehefrau" und „damit ich sie nackt ausziehen kann wie am Tage ihrer Geburt".

Erstmals verstehen Kinder Worte wie „Hurerei“ nicht. Wörter, die in der Bibel existieren, erscheinen für ein Kind als gut. So kann es diese durchaus in seinem Wortschatz aufnehmen und davon im Alltag Gebrauch machen. Für jene, die diese Worte jedoch verstehen, ist der Text eine Erniedrigung der Frau, die sie geboren und liebevoll aufgezogen hat.

Die Bittsteller haben gemeinsam die unangenehmen und menschenfeindlichen Zitate der Bibel, von denen es unzählige gibt, untersucht. Sie beginnen mit folgendem Zitat aus *Lukas* 14:26 oder *Lukas* 12:51-53, „Meint ihr, ich sei gekommen, Frieden auf die Erde zu bringen? Nein, sage ich euch entschieden, sondern eher Entzweiung. Denn von nun an werden fünf in einem Haus entzweit sein: drei gegen zwei und zwei gegen drei. Sie werden entzweit sein: Vater gegen Sohn und Sohn gegen Vater, Mutter gegen Tochter und Tochter gegen [ihre] Mutter, Schwiegermutter gegen ihre Schwiegertochter und Schwiegertochter gegen [ihre] Schwiegermutter.“ Die Bittsteller mussten feststellen, dass sich die Bibel für Verbrechen gegen die Menschenrechte ausspricht. Sie haben schließlich entschieden, sich an dieses Gericht zu wenden, damit diese Probleme, die behandelt werden müssen, eine baldige Lösung finden.

Gemäß der Bibel ist es nicht die Erde, die die Sonne umkreist, sondern die Sonne umkreist die Erde, siehe: „Damals ging Josua daran, zu Jehova zu reden, an dem Tag, an dem Jehova die Amoriter den Söhnen Israels überließ, und er sagte dann vor den Augen Israels:

‚Sonne, steh bewegungslos über Gịbeon, Und Mond, über der Tiefebene von Ạjalon!'

Dementsprechend blieb die Sonne bewegungslos, und der Mond stand wirklich still, bis die Nation Rache nehmen konnte an ihren Feinden. Steht es nicht im Buch Jạschar geschrieben, ‚und die Sonne blieb mitten am Himmel stehen und eilte nicht zum Untergang, ungefähr einen ganzen Tag'?" *(Joshua* 10:12-13).

Diese unglaubwürdige Geschichte von Joshua lehrt die Kinder genau das Gegenteil von dem, was ihnen in der Primarschule beigebracht wird. Die Bittsteller finden solche Aussagen der Bibel unwissenschaftlich und irreführend.

Das letzte Beispiel dafür, dass die Bibel nicht jugendfrei ist:

„Und ständig mehrte sie ihre Taten der Prostitution bis zu dem Punkt, da sie an die Tage ihrer Jugend dachte, als sie sich im Land Ägypten als

Prostituierte preisgab. Und ständig hatte sie sinnliches Verlangen gemäß der Art von Nebenfrauen, die denen gehören, deren fleischliches Glied wie das fleischliche Glied von Eseln und deren Zeugungsorgan wie das Zeugungsorgan von Hengsten ist.“ *(Ezekiel* 23:19-20).

Die Bittsteller erfassen hier eindeutige pornographische Ansätze. Nach dem Strafgesetzbuch wird die Anbietung, Vorführung, Überlassung und das Zugänglichmachen pornographischer Schriften, Ton—oder Bildaufnahmen, Abbildungen oder die Verbreitung durch Radio oder Fernsehen an eine Person unter 16 Jahren strikt verboten.

Keinem Kind sollte es je erlaubt sein, die Bibel mit deren obszönen Inhalten zu lesen. Wir Bittsteller ersuchen das ehrenwerte Gericht, die Abgabe der Bibel an Minderjährige ohne Vorwarnung zu verbieten. Dieses Buch enthält zahlreiche, sehr gewaltsame und zerstörerische Texte, wie wir sie oben vorgewiesen haben.

Viele weitere Belege liegen vor, um das Verbot der Bibel für Minderjährige zu argumentieren, doch sind wir der Meinung, dass für das Gericht all diese Zitate Grund genug sein dürften, um entsprechend zu entscheiden und zu handeln.

Die Würde des Gerichts ist eine Grundlage für das Überleben einer freien Gemeinschaft. Die freie Gemeinschaft überlebt nur, wenn ihre Kinder geschützt werden.

Mit vorzüglicher Hochachtung
Die Bittsteller

Name	Geburtsdatum	Nationalität	Bürgerort	Unterschrift
Hr. Anderson Nicholas Lane	31.10.1984	Schweiz	Worb-Bern	
Hr. Sterren Jean-Louis	11.09.1984	Schweiz	Eischoll-Wallis	Sterren Jean-Louis
Hr. Imhasly Jan-Mathys	15.09.1985	Schweiz	Fiesch-Wallis	
Hr. Kumar Vinodh	30.09.1960	Indien	Kochi-Indien	
Hr. Gundi Martin	08.10.1987	Schweiz	Brig-Wallis	
Hr. Panakal Titus	08.10.1969	Indien	Kochi-Indien	
Dr. Hr. Gilles Allenbach	25.04.1980	Schweiz	Adelboden-Bern	
Dr. Fr. med. Barbara Kettzer	21.05.1963	Schweiz	Altdorf-Uri	B. Kettzer
Hr. Escher Matthias	15.12.1982	Schweiz	Brig-Wallis	
Fr. Polomska Maria	09.09.1983	Schweiz	Mörel-Wallis	
Fr. Schneider Corinne	22.02.1986	Schweiz	Würenlingen-Argau	
Hr. Abgottspon Valentin	25.09.1979	Schweiz	Staldenried-Wallis	

ROOTS

Ein Forum für Rückkehrer zum Humanismus

Gassa -14, CH-Ried-Brig 3911
SWITZERLAND
+41 27 923 01 81/ 079 651 67 11
idp@gmx.ch
identitypublishers.org

Ziel und Funktion

Diese Organisation ist in der Schweiz eingeschrieben und dient als ein Forum für Rückkehrer vom Christentum zum Humanismus. Gratulation! Jeder solcher Rückkehrer kennzeichnet die Wieder-entdeckung jemandes Wurzeln, wie Sie alle wissen. Aus diesem Grund wird diese Organisation „Roots" genannt. Wo auch immer sie sich in ihrer einstweiligen Umgebung zu integrieren versuchen, werden Rückkehrer wahrscheinlich auf Probleme der Isolierung oder sogar Feindschaft stoßen. Das ist besonders so in Gebieten, wo viele im Zeichen des Christentums gegen den Humanismus aggressiv sind. Von all diesen, sind die römisch-katholischen Merkmale auch infolge ihrer ganzen Anpassung zum Aufruhr am abscheulichsten.

Es gibt auch zukünftige Rückkehrer, die diese Organisation versuchen wird, zu erreichen. Wir wollen so viel Rückkehrer erreichen wie möglich. Wir wollen Information und Vorschläge mit ihnen teilen und ihnen moralischen Beistand zu ihrer Situation sein, die von ihren hohen Grundsätzen ausgehen. Wir finden das Phänomen des Humanismus, bewusst oder unbewusst, nachweisbar in der kompletten menschlichen Rasse. Außerdem wird unsere Organisation barbarische, satanische und anti-menschliche Passagen von der Bibel und Koran nebeneinander stellen, mit Zitaten von Humanisten wie Robert Green Ingersoll, Mark Twain, Albert Einstein, Karl Marx, Bertrand Russell und viele andere.

Wir sind auch eine Anthroposophische non-Profit Organisation und hoffen, dass wir Sie genug in dieses Kommunikee eingewiesen haben.